人生の意味論
価値評価をめぐって

開拓社
言語・文化選書
66

人生の意味論

価値評価をめぐって

河西良治 著

開拓社

まえがき

　私たち人間は，母語（mother tongue）の獲得の結果，その言語能力（competence）を身につけるが，母語話者（native speaker）のこの能力は，チョムスキー理論によれば，無意識的な原理と規則の体系とみなされ，日々新しい文（novel sentence）を理解したり産出したりする創造的な言語使用を可能にしている言語知識であると考えられている。この言語知識は，心理内文法（mental grammar）ともよばれ，無意識的な知識（unconscious knowledge）から成るとされているが，この個別言語の文法体系を明示的に説明することが，人間言語一般の普遍性の解明を目指すチョムスキー理論の不可欠な研究の一部であると考えられている。

　このチョムスキー理論に足を踏み入れて以来40数年，「言語研究を通して，人間心理のメカニズムを探りたい」という研究目標を掲げてきたが，そのあまりに遅々とした進展状況に，真理の底知れぬ深さと己の非力を痛感しているこの頃である。しかし，この非力の自覚とちょうど平行するように，言語の研究がますます奥行きのある不思議な光を放つようになってきているのもまた事実である。なぜ，言語の研究に魅了されて，このようにのめりこまざるを得ないかを考えてみるに，少なくとも筆者の場合には，思考の基盤である言語そのもののからくりを探り出す試みを続け

ていると，全く予想もしなかったような人間の心理の興味深い働きが見えてくることがあるからである。他の多くの諸科学や私たちの日常生活では，ほとんどの場合に，言語を無意識的な前提あるいは道具としており，言語そのものを分析することは少ない。このような場合には，私たちの思考活動は，言語という枠のなかでの思索になり，一般的に言って，言語の枠を意識することはせず，言語のからくりの内部での精神活動になる。

　それに対して，言語そのものを対象として分析する営みにおいては，暗黙の前提となっている言語の枠，つまり，言語のからくりや無意識的なメカニズムをまさに意識化することを試みる。その場合，可能であれば，外から，あるいは，高みから見る努力を続けることによって，言語という枠の中で作り上げられている私たちの人生，また，人生を支える常識や学問的な知識体系の性質や癖のような，ふだんは意識しない人間の基盤を取り出すことを試みる。筆者は，そのような探究を積み重ねるなかで，言語研究の奥深さと面白さに魅了され，同時に，言語の研究は人間そして人生の研究に不可欠であることを思い知らされている。

　このような研究目標や課題の設定，そして解決も，実際には，具体的な言語の表現に関するさまざまな素朴な疑問から出発する。本書で論じるさまざまなテーマも，そのような疑問が前提となっている。たとえば，本書の出発点となった素朴な疑問の一つは，日本語の「らしい」という表現のあいまい性である。たとえば，日本語の「男らしい」という表現は，二つの意味をもってい

る。一つは、「男の中の男、すなわち、典型的な男である」という「典型」の解釈と、もう一つは、たとえば、状況として、遠方からくる、はっきり見えない人物がいたときに、「あれは女性ではなく男らしい」のように使う「推定」の解釈である。「らしい」が、一見かけ離れているように感じられる「典型」と「推定」の両方の意味で用いられているのはなぜかと疑問が生まれ、それに対する納得のいく説明を求めて分析がはじまる。もう一つ素朴な出発点である疑問の例をあげると、「彼女は母親であって母親でない」とか、「彼女は母親ではないが母親である」のような、一見矛盾しているように感じられる文も、私たちの日常では使われる有意味の表現である。なぜ矛盾のない解釈ができるのか、またどのような文脈があればそのような解釈ができるのか、その仕組みを分析したくなる。このような疑問に対する筆者なりの具体的な分析案は本書で提示してあるが、読者の方々にもご覧いただき、一緒に考えていただきたい。

　単なる思弁ではなく、言語の具体的なデータから出発することが、言語学の基本であることを大切にしたいと筆者は思ってきたが、そのような姿勢でここ何年間かのテーマである「価値評価の意味論」、「名実の意味論」、「リアルの意味論」を中心にして考察し、その成果を発表した諸論考が本書の骨格となっている。しかし、本書では、まったく構成を新たに変えて、若い年齢層の読者にも読んでいただけるように、用語や説明に配慮したつもりであるが、その成果のいかんは読者の方々のご批判を仰ぐほかない。

本書が出来上がるまでには，研究会での発表をはじめ，授業での学生たちとの議論など，多くの方たちのお世話になっている。また，この出版の話をいただいて以来，筆の進まない筆者を辛抱強く励まして下さった開拓社の川田賢氏には一方ならぬお世話になった。ここに遅ればせながら感謝の意を表したい。

2017 年 3 月

河西　良治

目　次

まえがき　*v*

第 1 章　価値評価の意味論：暗黙の語彙的原理 …………… *1*
　はじめに　*2*
　1.1.　ゼロの意味解釈　*3*
　1.2.　空間概念と比喩的延長　*8*
　　1.2.1.　場所　*11*
　　1.2.2.　形・秩序　*17*
　　1.2.3.　全体と断片　*21*
　1.3.　まとめと展望　*26*
　　1.3.1.　基層原理の発見　*26*
　　1.3.2.　基層原理の性格　*33*

第 2 章　名実の意味論 ……………………………………… *37*
　はじめに　*38*
　2.1.　多重境界線：外なる境界線と内なる境界線　*40*
　2.2.　「らしい」のあいまい性：「推定」と「典型」　*43*
　2.3.　カテゴリー化という問題　*47*
　　2.3.1.　内部対立と外部対立：カテゴリー内否定とカテゴリー外
　　　　　否定　*48*
　　2.3.2.　カテゴリーの中心と周縁　*60*
　2.4.　［±名，±実］の意味論　*69*

2.5. 〈身分け構造〉・〈言分け構造〉・〈選り分け構造〉　*94*
2.6. さまざまな境界論：否定と肯定の対立　*110*

第3章　リアルという問題 …………………… *127*
  はじめに　*128*
  3.1. 三つのフィルター構造　*129*
  3.2. 事実と価値評価：「ある」と「あるべき」の共存　*137*
  3.3. real の意味論　*156*
  3.4. リアルの深層　*172*

あとがき ……………………………………… *181*

参考文献 ……………………………………… *185*

索　引 ………………………………………… *191*

第1章

価値評価の意味論：暗黙の語彙的原理

はじめに

　本章では，言語の意味の世界の一部を形成していると思われる価値評価 (evaluation) の仕組みの一端を明るみに出していきたいと思う。まず，辞書に記載されている語の意味から見ていきたい。辞書と言えば，私たちの机上にある本型の辞書 (book dictionary) を指すのがふつうである。そして辞書の中では，個々の語の記述は，それぞれの語に固有の特徴を，すなわち一般的な規則では記述できないようなその語の個別的な特徴を記述すると一般には考えられている。しかし，私たちが母語 (mother tongue) を使用するときには，本型の辞書をいちいち使うことはせず，私たち母語話者 (native speaker) の心理内にあると想定される辞書を使っていると考えられている。この辞書はしばしば心理内辞書 (mental lexicon) とよばれるが，その組織は，私たちの目の前にあるような本型の辞書とは大きく異なるものであることが予想されている (Aitchison (1987: ch.1) 参照)。そして，その心理内辞書の構造やそれを作り出している構造原理は今後明らかにされなければならないものが数多くあると思われる。

　本章では，語の意味体系を暗黙裡に背後で支えていると思われる意味組成の統一的な原理をいくつか明示化することによって，そのような一般的な原理が心理内辞書にも存在することを例証していきたい。

1.1. ゼロの意味解釈

英語の動詞 go と come は，運動（movement）を表す動詞とされ，基本的用法では，いずれも，ある出発点（source）から，ある到達点（goal）への物の移動を表す。両者の違いは，到着点をどこに置くかに関係しており，おおよそ，come の表す移動の到着点は，発話時あるいは発話のなかで言及されている時の話し手ないしは聞き手の場所であり，一方，go の場合はそれ以外の場所と規定できる。このような話し手や聞き手を基準点（＝直示的中心（deictic center））にして物の空間的な移動を意味する go と come には，そのほかに状態の変化（change of state）を表す用法もある。たとえば，イディオム用法として，come to one's senses（正気に帰る），go mad（気違いになる）の例にみられるように，実際の空間的な物の移動ではなく，状態の変化，ここでは，精神状態の変化を表している。前者の例では，気を失った状態から正気の状態への変化，後者の例では，正気の状態から狂気の状態への変化を表している。Clark (1974) は，そのようなイディオム用法にも，一定の直示的中心が存在し，その中心に 2 種類あることを指摘している。一つは，「通常の状態［以下，常態と記す］」(normal state) であるとし，come はその「常態」へ入ることであり，go は「常態」から離脱することであると分析する。

たとえば，

(1) Duncan's temperature went up today.
　（今日ダンカンの体温は平熱より上がった）
(2) Duncan's temperature came down today.
　（今日ダンカンの体温は平熱に下がった）
(3) Duncan's temperature went down today.
　（今日ダンカンの体温は平熱より下がった）
(4) Duncan's temperature came up today.
　（今日ダンカンの体温は平熱に上がった）

(1)-(4)の文はいずれも「ダンカンの体温」の上がり（up）下がり（down）を述べた文であるが，体温がどこからどこへ変化したかという，変化の出発点と到着点の表現がない，いわば，ゼロ表現である。このゼロ表現は，Clark (1974: 318) によれば，「平熱」と解釈されて，(1)は「平熱より上がった」，(2)は「平熱に下がった」，(3)は「平熱より下がった」，(4)は「平熱に上がった」を，それぞれ意味しており，「平熱」が変化の基準点になっている。体温に関していえば，「常態」であるのが平熱であり，これが暗黙の直示的中心となり，体温の上昇・下降が述べられている。comeは平熱に戻る体温の変化，goは平熱から離れて異常な体温になる変化を表すと分析されている。このように体温の場合には，「平熱」が常態とみなされるが，それ以外の場合の常態の例としてあげられるのは，「意識」(consciousness)，「平静」(calmness)，「覚醒」(wakefulness)，「麻薬未使用」(non-use of drugs),「通常機能」(normal functioning), などである。

Clark の言うもう一つの直示的中心は, 話者または話者と同じ文化に属す一般の人々の「評価の観点」(evaluative viewpoints) の介入であり, その観点からみて肯定的な評価を受けるような「是認される状態」(speaker-approved or public-approved state) が直示的中心となる。たとえば,

(5) The plane came down near the lake.
   (その飛行機はその湖の近くに降りた)
(6) The plane went down near the lake.
   (その飛行機はその湖の近くに落ちた［降りた］)

(5) の文の表す出来事は,「幸運」な着陸であるという含意があり, 一方, (6) の場合には, 明らかに「墜落」であるということが強く含意されるという (p.328)。このように, come は,「評価の観点」から見て好ましい「是認される状態」への変化を表し, 肯定的含意 (positive connotation) をもつのに対して, go は, それ以外の状態への変化であり, 中立的 (neutral) ないしは（しばしば）否定的な (negative) 含意をもつと分析している。

以上述べたように,「運動」および「状態の変化」における直示的中心として,「話し手［聞き手］の場所」,「常態」,「肯定的に評価される状態」が取り上げられているが, Clark は, さらに, これらの根底に EGO（我）／ NON-EGO（非我）の対立があると論じている (p.331)。この根底の直示的中心である EGO が,「話し手

［聞き手］の場所」や，「常態」，「肯定的に評価される状態」に延長（extension）されると分析している。そして，EGO の延張されたこれらの中心は，「常に知られており，また，肯定的な指定がされている」（always known and positively specified）のに対して，中心以外の領域は，「常に非肯定的で，単に'他のところ'という指定がされている」（always non-positive, specified simply as 'elsewhere'）と考えられている。このように，個々の語の意味用法の背後には，一般性の高い意味組成の原理が暗黙に働いていると考えられるが，それと同時に，それらの一般的な原理にも深さの度合いの違いがあり，より深い根柢にある原理とそこから派生される一般原理もあるということが仮定され，それらの根底の原理および派生原理を明らかにしようとする研究がなされる必要性があることが理解できる。

　以上で Clark (1974) を要約して紹介したが，それは come / go の用法の背後に EGO / NON-EGO という，いわば，隠れた根本的な対立原理を探り出す試みであると言えるが，この研究の方向は，個々の語がもつ特徴というより，それらの語の用法に通底すると想定される一般的な原理の探究するうえで，大きな示唆を与えるものであると思われる。EGO が根底の中心にあり，そこから「常態」，「肯定的に評価される状態」などに中心が延長されるのはなぜか，この問題は決して自明ではないが，それを証拠づけるような言語用法も存在する。たとえば，EGO を表す具体的な表現に 'oneself'（自身）という語があるが，'He is not himself'

(=He does not feel well) (Quirk, et al.(1985: 356))は,「彼は彼自身でない＝体調がよくない」の意味をもつ。ここでは,「彼自身である」ということが「彼の通常の健康な状態」ということを意味している。つまり, EGO の状態にあることが即ち「常態（この場合は健康）」であるという原理が理解されていなければならないと思われる。この例は,「常態」を EGO の延長と考える一つの証拠と言える。

一方で, 反例や説明のつかない例も多く存在する。たとえば, 'come up in the world'（出世する）/ 'come down in the world'（零落する）の対に見られるように, come が「肯定的に評価される状態」（ここでは,「出世」）にも「否定的に評価される状態」（「零落」）にも用いられることがある。また, 'He has gone up in our estimation'（彼に対する我々の評価は上がった）に見られるように,「肯定的に評価される状態」と思われる表現に come ではなく go が用いられている。これらの事実は上記の分析では説明ができず問題として残るが, Clark の分析の方向はおおむね大きな発展性をもっており, 暗黙の語彙原理を探る端緒になると思われる。Clark (1974) では, go / come (send / bring) の用法が議論の対象になっているが, さらに, 他の語の用法にも目を向けてみると, go / come に見られる対立は, さらに大きな原理的な枠組みで捉えることが可能になると思われる。以下でいくつかの基本原理を取り出してみたい（詳細は, 拙稿 (1993) を参照されたい）。

1.2. 空間概念と比喩的延長

　up, down, in, out などの副詞ないしは前置詞の表現は，文字通りの意味 (literal meaning) では，空間における物の位置関係や移動を表現する。たとえば，'up and down' の用法を見てみると，'jump up and down' では文字通り，空間の中で「上下にジャンプをする」ことを意味する。しかし，'walk up and down in a room' では，部屋の中を文字通り上下の方向に歩行することを意味するのではなく，そこを「行ったり来たり」することを意味する。さらに，'ups and downs' では，「道の上がり下がり」という文字通りの意味のほかに，「(人生の) 栄枯盛衰」の意味がでてくる。このような文字通りの意味とその比喩的な延長によって生まれる語の多義性 (polysemy) は，もちろん 'up and down' という表現のみに見られる現象ではなく，大多数の語の意味にも観察される一般的な現象である。しかも，'up and down' に見られる比喩的延長と極めて類似した多義性の現象が，上下の関係を表す他の語にも観察される。たとえば，'rise and fall' を見てみよう。'The water rose and fell' では，文字通り，「水が上がったり下がったりした」ことを表すのに対して，'the rise and fall of the temperature' では，温度の上下を意味しており，文字通りの物の上下運動ではない。さらに，'the rise and fall of the Roman Empire' では，「ローマ帝国の盛衰」を意味し，この「盛衰」という延長は，'ups and downs' の「(人生の) 栄枯盛衰」の意味と非

常に類似した延長の仕方を示している。このようにいくつかの語にまたがって共通して見られる意味の延長は、単なる偶然とは考えられず、個々の語の違いを超えたところで共通して働く背後の一般原理の存在を予想させる。

私たちが通常は意識することがない、このような暗黙の一般原理の存在を想定できることは、以下にあげるさまざまな例からも、十分に納得ができることである。まず、offの例をいくつか見てみよう。この語は文字通りの空間的意味としては「(ある場所から)離れて」の意味で用いられる。たとえば、'He jumped off the horse'（彼は馬から飛び降りた）では、'the horse'がその離れる場所と解釈される。しかし、'That tomato juice is a bit off'（あのトマトジュースはちょっとおかしい）と言えば、「ある場所から離れて」の「ある場所」に相当する語句が表現されておらず、ゼロ表現になっているのにもかかわらず、併記した日本語訳のような意味（「(味などが)おかしい」）で解釈される。この例で表現されていないゼロの「ある場所」にあたるものは、この文の発話場面などのコンテクスト (context) から復元できる具体的な場所ではなく、ある一定の抽象的な場所を想定せざるをえない。ここでは、「正常な状態」のような抽象的な場所が前提とされて、「正常な状態から離れている」、すなわち、「異常な＝味などがおかしい」のような意味で解釈されると考えられる。この例の解釈でoffの「(抽象的な)場所」として「正常な状態」が前提とされるのは、おそらく何か暗黙の一般原理の介入があると考えるのが妥当であ

る。

　ここで，もう一つ，in の例も合わせて考えてみよう。たとえば，'in the room' では 'the room' という場所が明示的に表現されているが，'Oysters are in'（牡蠣が旬だ）においては，in の後ろに場所を表す表現がない，すなわちゼロ表現である。しかし，それにもかかわらず，'are in' だけで，一定の充足された意味である「旬である」という解釈がなされる。なぜ 'in' だけで「旬」とか「盛り」のような意味が生まれるのであろうか。先の 'off' の場合と同じように，この例においても，ある一般的な暗黙の原理が背後で作用していると考えてよさそうである。'off the horse' や 'in the room' のように文字通りの「空間的」意味を表す場合には，発話場面などの具体的なコンテクストにより，その発話にふさわしい空間的位置関係が理解されるのに対して，上記のような比喩的延長を被った意味の場合には，そのような具体的な状況による位置関係の確定がなされない。このような場合は，特定な状況の影響からは遊離した，抽象度の高い一般的な抽象原理の介入がなされて，その結果，'in' だけで「旬」とか「盛り」のような意味が固定化され，また，'off' だけで「異常な」のような意味の固定化がなされると考えることができる。したがって，上で見たように，比喩やイディオムは，語彙の暗黙の一般原理を探る格好のデータといえる。以下，基本的な空間的概念を表す表現をいくつか取り上げながら，個々の語を超えて背後で働いていると考え

第1章 価値評価の意味論：暗黙の語彙的原理　　11

られる一般原理を探し出していくことにする。[1]

1.2.1. 場所

　ここでは，place（場所）に関する表現に焦点をあてて，その多義性を見てみよう。まず，belong という動詞の用法から見ていきたいが，belong（所属する）は，'to / in / with ＋ 名詞句'のような前置詞句と共起して用いられるのが典型的で，この前置詞句内の名詞句のところには，所属する場所を表すさまざまな表現が起こり得る（たとえば，belong to him [a labor union / the club / Plymouth, など]）。しかし，次のように，belong に続く前置詞句がゼロになっている例もある。

(7) For the first time I felt that I belonged.
　　（はじめて私はところを得たと感じた）　　　　　（『ロイヤル』）

しかし，動詞 belong には，意味の制限上，所属場所は不可欠であるから，何らかの方法によって，その「場所」は復元されて理解されなければならない。次にあげる (8), (9) でも belong に後続する前置詞句がゼロとなっており，それぞれの「場所」は理解されなければならないが，その復元方法を考えてみよう。

---

[1] 以下での辞書の定義・用例は，次のものを参考にしている。
　『ロイヤル英和辞典』（以下『ロイヤル』）
　『プログレッシブ英和中辞典』（『プログレッシブ』）
　Longman Dictionary of Contemporary English（LDCE）
　The Concise Oxford Dictionary of Current English（COD）

(8) In Japan, one has to "belong" or he has no identity.
(日本では，人はどこかに所属していなければならない。さもないとアイデンティティがない)　　(E. T. Hall: *Beyond Culture*)

(9) As soon as you register at the desk, you are no longer an outsider; instead, for the duration of your stay you are a member of a large, mobile family. *You belong.*
(事務的に登録手続きをすればすぐ，もうよそ者ではなくなる。そのかわりに，滞在している間は継続して，大きな移動家族の一員になる。あなたは所属しているのだ)　　(ibid.)

(8) では，その文意からして，「どこでもいいから，ある場所（＝どこか）に所属していなければならない」と解釈されるので，その「場所」は不定の (indefinite) 場所と理解される。一方，(9) では，そのコンテクスト (context) によって，belong に先行する 'a large, mobile family' が，所属の「場所」として復元される。それでは，このような不定の場所あるいは先行文脈上の場所が (7) の場合にも復元できるであろうか。(7) では，(8)，(9) と異なり，どの場所でもいいわけでなく，また，文脈上指定される特定の場所が意味されるわけでもない。(7) では，まさに「ところを得た」という日本語訳からもわかるように，「(主語 I の表す人物が) 本来属すべきふさわしい場所」のような意味で解釈される。問題は「本来の」や「ふさわしい」のような価値評価 (evaluation) を表す修飾語の意味が「場所」の意味に加わるのは何によるのか，

第1章　価値評価の意味論：暗黙の語彙的原理　　13

ということである。

　ここでいくつかの辞書において，belong のこの用法の意味の定義がどのようになされているか見てみよう。

(10) 1. be rightly placed or classified; fit a specified environment, etc.　(COD)

2. to be in the right place　(LDCE)

3. （本来の場所に）ある，（いるべきところに）いる

（『ロイヤル』）

4. （あるべき［ふさわしい］場所に）ある

（『プログレッシブ』）

これらの辞書の定義を見ると，"rightly / right / 本来の／あるべき／ふさわしい" などの修飾語句が，単なる「場所」の意味のほかに付け加えられていることがわかる。したがって，これらの定義は，belong という語が発話場面によって与えられる個々の具体的な所属場所というよりも，その人や物に「ふさわしい本来の場所」に属するという価値評価がなされた場所を意味することを示している。そのような価値評価が行われて，belong という動詞だけで，「ところを得る」という日本語と同様に，「本来の場所にいる」という意味が英語の場合にも生まれる。

　そこで問題となるのは，この評価の意味の介入はどのように記述するのがいいかということであるが，たとえば，場所の価値評価に関する (11) のような一般原理が我々の心理内にあり，そこ

から暗黙裡に補充される意味特徴であると仮定してみたらよいように思われる。

 (11) 「ものの本来の場所」
   「個々のものには，それぞれふさわしい場所があり，その場所を占めている時が本来の状態である」

たとえば，'I belong to the tennis club'（私はテニスクラブに所属している）のような文では，特定の具体的な「テニスクラブ」のよう場所が表現されるので (11) のような原理は働かないが，このような場所に関する特定の具体的なコンテクストがないときには，(11) のような一般原理がいわば自動的に導入されて，(7) のような例の belong の場所として，単なる場所ではなく，「本来のふさわしい場所」が復元されて解釈されると説明することができるように思われる。ただし，この原理が一般性の高い妥当なものであることを示すためには，belong のみにこの原理が適用されるのではなく，一般的に広範囲の語にも有効に働く原理であることが証明されなければならないが，以下に論じるように，いくつかの例から，この原理が一般的有効性をもっていることを裏付けることができる。

 場所や位置を表す基本的な語に，place, position があるが，その辞書の定義の一部には次のような記述が見られる。

(12) place

1. proper or natural position（COD）

2. a usual or proper position（LDCE）

3. あるべき位置, いつもの位置；適当な場所

(『ロイヤル』)

4. いるべき場所：ふさわしい［適切な］場所

(『プログレッシブ』)

(13) position

1. proper place（COD）

2. the proper place（LDCE）

3. 所定の位置, (いつもの)適正な位置（『ロイヤル』）

4. 適所, 正常な位置, いつもの場所（『プログレッシブ』）

(12), (13) のような意味は, 特に, 'in place / in position'（ところを得た, 適切な）, 'out of place / out of position'（場違いの, 不適切な）のようなイディオム用法に見られる。具体的な場所を表す文は, たとえば, 'This is the place where the accident happened'（ここがその事故が起こった場所です）, 'He took his position at the head of the line'（彼はその列の一番前に自分の場所をとった）などのような文であり, それぞれの文が発話されるときに特定の具体的な場所が指示されている。それに対して, 上記のイディオムにおける place や position は, どこか特定の場所を指示するわけではなく, いわば, 話者の心理内で価値評価が下され

た「適所」を意味する。

　ここで問題となるのは，特定の具体的な場所から遊離した抽象的な場所に，なぜ "proper / usual / natural / 適切な / 正常な / いつもの" のような価値評価的な意味が加わるのかということである。ここで，(7) の belong の場合と同じように，上記の (11) の一般原理を導入してみると，説明が可能になると思われる。もう一度 (7) の例を振り返ってみると，その例では，通常は belong の後に起こる所属場所を表す前置詞句がない。またコンテクストによって復元されるような場所もない。そこで (11) の原理が導入されて，「本来の場所にいる」(=「ところを得る」) の解釈がなされるということであった。'in place / in position' の場合には，a や the のような冠詞がなく，特定の場所がコンテクストによって指示されない。そこで (11) の原理が導入されて，「ところを得た，適切な」のような意味が解釈されると説明することが可能になる。このように「場所」という概念は，発話場面において，個々の具体的場所の指示をそのつど行うことができるが，そのような具体的な指示対象の場所がない場合には，話者は，個々の事物にはふさわしい本来の場所があるとする一般的な場所評価の原理 (11) を活用することになる。

　さらに，place に接頭辞 dis- が付加された displace の意味の用法もこの考え方を支えてくれる。displace の字義の一つに「(本来の場所から) 移動させる / to force out of the usual place」の意味があるが，ここにも「本来の場所 / the usual place」の意味が

介入してきている。「〜から移動させる」の「〜」の部分の「場所」の意味が文脈によって特定されない場合には，ここでも (11) の原理が介入し，「本来の場所」という意味が補充される。displace には，さらに，'displaced person' (=a person forced to leave his / her own country) という興味深いイディオム表現があるが，「故国を追われた人，強制移住者」の意味をもっている。この表現では，「故国」という解釈が補充されるが，「本来の場所」の具体的な場所の一つと考えらえる「故国」という意味で理解されると考えることができる。このように，どのようなものを「本来の場所」の下位概念として解釈するかということに関しては一定の原則を想定できるであろうが，それが何であれ，さまざまな語の意味に (11) のような価値評価の尺度が働いていることを考慮に入れると，(11) は一般性の高い原理であるということが明らかであろう。

1.2.2. 形・秩序

ここまで「場所」に関して，一定の価値評価が隠れた原理として働いていることを見てきたが，このことは「場所」のみに限定された現象ではなく，さらに「形」や「秩序」を表す語 shape, form, order などにも同様に見られる。shape や form は，具体的な状況のなかで，さまざまな形，形状をもったものを指すことができるが，具体的な指示対象をもたないイディオム表現においては，場所の場合と同様に，「形」に対する一般的評価が介入してく

ることがわかる。次の例を見てみよう。

(14) 1.　in shape「本来の状態にある，好調で (=in good shape)」
　　　　out of shape「形が崩れて；体の調子が悪い (=in bad / poor shape)」
　　 2.　in form「好調で」
　　　　off / out of form「不調で，調子を崩して」

この form と shape の用法の意味は，「形」をもつことに対する一定の評価，即ち，「形をもつことが本来のあるべき状態である」という評価が介入されていることを示している。この隠れた評価は，場所に関する一般原理 (11) と並行した原理として，次のように定式化できるだろう。

(15) 「ものの本来の形」
　　　「個々のものには，それぞれのふさわしい形があり，その形をもっているときが本来の状態である」

ものが一定の場所を占め，一定の形をもつとき，一定の秩序が形成されると一般的に考えられるが，秩序を表す order の用法にも，上記の (11), (15) と同様な評価があることが確認できる。'in order' (整然として，順調で), 'out of order' (乱れて，不調で) においては，shape, form の場合とほぼ同じ意味の対立が見られる。また，order に否定の接頭辞 dis- を付加した対立語 disorder に

は,「無秩序」のほかに,「(心身機能の) 不調, 異常」の意味が見られる。したがって, order の表す意味用法のなかにも, 場所・形の一般的評価と並行する同種の一般的原理が働いていることがわかる。

以上のいくつかの一般原理は相互に整合したものと考えられるので, 次のように一つの原理にまとめるほうが経済的で望ましいであろう。

(16) 「ものの本来の秩序」
　　「ものは一定の秩序の下にあり, それぞれがふさわしい場所と形をもち, その場所・形を有するときが本来の状態である」

ここで少し立ち止まって考えておきたいことがある。それは, これまで辞書で見てきた place / form / shape などの語義の説明に現れる日本語の「本来の」,「通常の」,「正常な」,「自然な」など, また英語の proper, right, usual, natural など, の諸概念が共存するのはなぜか, という問題である。ここでは, 相互に整合して矛盾なく類似した意味内容をもつと考えられるが, しかし, これらの概念が近い意味で理解される理由は決して自明なことではない。たとえば, 同一語の意味に「通常」と「正常」がなぜ共存できるのかという問題はさらに説明を必要とする。この「通常」と「正常」の意味はまったく等価ではなく違いがあるのにもかかわらず, 共存できるその近い意味の関係とはどのようなものなの

かを考える必要がある。ここでは，木村敏（1973: 31-32）の説明が参考になる。木村氏は，正常と異常の意味を決めるときに，ある種の価値規範的なものの見方が入り込むことを指摘し，「正常」という概念の基盤として，「多数者」ということと「常態」ということが考えられるとしている。そして，「多数者」の「常態」が「健康」であるとともに「正常」でもあるとみなされる，と述べている。これらの諸概念が近接関係（contiguity）にあり矛盾なく共存できると判断する考え方自体，さらに熟考を要するテーマであるが，ここではこれ以上ふれることはせず，英語の normal の多義に現れる諸概念の共存に傍証を見出してみたい。normal という語の多義性を見ると，これらの諸概念が共存することがわかる。normal の辞書定義を見ると，'conforming to standard, regular, usual, typical' (COD), 'according to what is expected, usual, or average' (LDCE) と記述され，上記の諸概念が同居している。このことからも，私たちにはこれらの概念が近接的な関係にあり，多義間を有縁的に結び付けていることがわかる。これと同じように，natural の多義を調べても，「自然の」—「当然の」—「本来の」—「平常の」などの語義が現れる。私たちの概念形成のプロセスには，このような概念を近接関係にあると認識する換喩（metonymy）的な思考パタンがあるということがここで確認できる。

1.2.3. 全体と断片

1.2.2 節では，秩序感覚を表す表現にふれたが，ここでは，その関連概念である「全体と断片」に関してどのような価値評価の原理が根底に隠されているかを考えてみよう。まず，whole という語の用法を見てみたいが，語義には，「全体の」，「分割されていない」などがあるが，次の用法を見てみると，ある種の価値判断が前提となっているように思われる。

(17) He was surprised to find himself whole after the incident.
（彼はその事件の後で自分に何のけがもないのを知って驚いた）
（『ロイヤル』）

全体がそろっていて欠けるところがないという状態を表す意味から「けがのない」や「無事な」という意味が派生していることがわかる。それに対して「断片」を表す piece の次のイディオムを見ると，

(18) a. shot to pieces（すっかり）めちゃめちゃになって，混乱して
b. go to pieces すっかりばらばらになる，［口］自制心を失う，取り乱す，（精神的に）まいってしまう
（『ロイヤル』）

全体が解体されて断片の状態になることの比喩的な意味は，(18)

のイディオムの意味の説明からわかるように、秩序が崩壊して、「混乱して」や「取り乱す」、「精神的にまいってしまう」のような異常な状態を意味する。興味深いことに、同じ piece でも、単数形で、'in one piece' とすれば、「傷つかずに、無事に」の意味が生じるが、この piece は全体が解体した断片を指すのではなく、「全体としてのまとまりのある一個」の意味であり、whole と同等の意味を形成していると考えられる。(17)、(18) の表現例からわかるように、「全体―断片」を表す 'whole – piece' にも一定の価値評価が見られ、「秩序ある全体が本来の（＝正常な）状態である」という一般原理を取り出すことができる。

この原理が whole や piece だけに働くものではなく、ほかの語にも同様に適用されることは、piece と類似した意味をもつ fragment にも言える。たとえば、動詞として用いられた例 'I was fragmented in my emotions'（私は心が千々に乱れていた）（『ロイヤル』）に見られるように、断片化することは比喩的に「（精神的）混乱」を意味する。ところが、興味深いことに、piece, fragment に一見近い意味をもつと思われる語 part には、「混乱」のような否定的評価の意味がない。むしろ、部分は部分でも、「不可欠［主要］部分」や「持ち分、本分」といった肯定的な評価の意味をもっている。part の用例をいくつか見てみよう。

(19) a.　the southern part of Chili （チリの南部）

b.　In France literature is (a) part of everyday life.

（フランスでは文学は日常生活の（重要な）一部である）

c. Man is part and parcel of the universe.

（人間は宇宙の要である）　　　　　　　　　（『ロイヤル』）

(19a) では，チリの国を構成している一部分を文字通り指す空間的な意味であって，特別な価値評価がなされているわけではない。しかし，(19b) を見ると，文学がフランスの日常生活の一部をなしているというだけでなく，「重要な」一部という価値評価が加わっている。また，(19c) の 'part and parcel' は，人間が宇宙の「最重要部分＝本質的な部分」であることを述べており，「最重要な」という価値評価の意味が加わっている。これは，おそらく，part「部分」は，秩序を失ってバラバラになった断片と捉えるのではなく，全体とのつながりをもつ不可欠な構成部分という捉え方がなされ，その結果，「本質的部分＝最重要部分，本分」のような肯定的な評価が与えられると考えることができる。このほかにも，全体のなかの特定部分に絞り込むことに「重要性」という価値評価を加える例があるが，それに関する詳細については，拙稿 (1998) を参照されたい。

　上記のような part の用法に対して，piece, fragment が表すものは，全体とも繋がりをなくした，単なる断片とみなされ，一定の秩序の喪失が意味される。これは，全体との繋がりを失った部分が断片化した結果，「本来の」場所を失い，全体的秩序に対する肯定的評価が得られなくなったことによると思われる。このよう

に考えると，break や crack のような断片化の意味を含みもつ語が，たとえば，'His health broke down under the strain'（緊張で彼の健康は損なわれてしまった），'He's beginning to crack up'（彼はまいりかけている）に見られるように，「肉体的・精神的に弱る／参る」の意味をもつことも理解できる。ここで重要なことは，上記のような原理が，一つの語に限定して働くのではなく，同種の意味分野に属す語に広く，かつ，一貫して働くということである。これは，とりもなおさず，語の意味の体系には，個々の語の意味を超えた一般的な意味原理が存在することを証明している。

このような視点から語の意味を見ていくと，いままで捉えることができなかった意味の有機的な繋がりが広く存在することが理解できる。このように，部分が整合しているとき，すなわち，本来の場所に属して全体を形成しているときが「正常な状態」であると判断評価されていることは，さらに，collect や gather の用法にも観察することができる。どちらの語も「集める」を意味する語であるが，「散らばったもの（断片）を一所に集める」の意味を比喩的に表現した次の例を見ると，

(20) collect one's poise（平静を取り戻す）
　　 collect oneself（落ち着きを取り戻す）
　　 cf. collected（沈着な，冷静な）
(21) gather one's wits（気を落ち着け（て対処す）る）
　　 gather oneself (together) from a trance

(恍惚状態から我に帰る)

(『ロイヤル』)

これらの例から，拡散・散乱したものを集めて元の全体的秩序に戻すことが，正常な本来的状態に帰ることを意味していることは明らかである。特に面白いのは，(20)，(21) の再帰代名詞 oneself の例に見られる「落ち着きを取り戻す」や「我に帰る」の意味が，自分という秩序に戻ったり帰ったりことによって得られると捉えられていることである。そして，全体的秩序をもつことが正常で本来の状態であるとする原理があるからこそ，'be oneself' に「自然にふるまう／正常である」という意味がでてくることも理解できる。

また，「元の状態」ということにも一定の価値評価が下される。次の restore の例からも，元に戻すことが「正常」への復帰であると評価する考え方のあることがわかる。

(22) a. I restored the book to the shelf.

(私はその本を元の棚に戻した)

b. I feel restored (to health) after my holiday.

(私は休暇を過ごしたあと健康を取り戻した)

(LDCE)

動詞 restore は，「元の位置に戻す」(put back to a former position (LDCE)) を意味するが，文字通り空間的な位置の移動を

表す用法である (22a) においては,「元の位置 = the shelf」となり, このコンテクストにおいて, その位置が決定されて, 特定の価値評価の意味は出て来ない。一方, 特定の場所の指示がなされないイディオム用法においては,「元の位置」が「本来の状態, 特に健康」と解釈される。(22b) を見ればわかるように, 'to health' はカッコに囲まれて随意的 (optional) であることを示しているので, それが顕在的に表現されてもされてなくとも, 肯定的な元の状態 (ここでは,「健康」) に戻ることが理解されている。これは, 一般的な価値評価の原理 (元の状態 = 正常な状態 = 健康) の介入があってはじめて可能になる解釈である。

1.3. まとめと展望

本章では, これまで空間概念を表す語の用法を見ながら, イディオムや比喩の意味の形成の背後にあると思われる価値評価に関する一般原理について論じてきた。以上の議論を整理しながら, 今後の研究が検討すべき諸問題を取り上げていきたい。

1.3.1. 基層原理の発見

私たち人間は, 母語の獲得の結果, その言語能力 (competence) を身につけるが, この母語話者 (native speaker) の能力は, チョムスキー理論によれば, 無意識的な原理と規則の体系とみなされ, 日々新しい文 (novel sentence) を理解したり産出した

りすることを可能にしている言語知識であると考えられている。この言語知識は、心理内文法（mental grammar）ともよばれ、無意識的な知識（unconscious knowledge）から成るとされているが、それを明示的（explicit）に説明することが言語研究の大きな目標の一つであると考えられている。本章は、その言語能力の一部として私たちの心理内に存在することが想定される心理内辞書（mental lexicon）の仕組みの一端を明らかにしようと試みたものである。

この心理内辞書は、いわゆる本型の辞書とは性質が大きく異なるであろうと想像されるということは、本章の最初に述べておいたが、これまで見てきたいくつかの空間表現の意味用法、特にイディオム表現を分析した結果、心理内辞書には、個々の語の個別的な意味記述だけでは捉えられない一般的な語彙原理が存在することを主張した。それと同時に、言語の意味世界には、価値評価（evaluation）の視点が参入していると思われる例が多く存在するということも論じてきた。

この価値参入による意味形成の仕組みを、「場所」を表す日英語の語を例にして、もう一度整理してみよう。たとえば、「場（所）」や「ところ」という日本語は、「ここがピアノを置く場所［ところ］です」のような用法に見られるような具体的な場所やところを指すことがもちろんできるが、一方で、抽象的に「（ものが）本来あるべき場所」という、一定の価値評価を付与された場所を指すことができる。その例として、日本語では「ところを得る」や「場

違い」のような表現がある。この例に現れる「ところ」や「場」は，単なる具体的な場所ではなく，「本来の［ふさわしい］場所」というような価値評価のなされた場所を意味している。同様なことは，英語の place にも当てはまる。たとえば，'in a place' のように不定冠詞 a を伴えば，聞き手にとっては不定な（indefinite）場所であるが，ある具体的な特定の場所を話し手は指示していると理解することができるし，'in the place' のように定冠詞を付ければ，聞き手にもわかる特定の場所が指示されていると理解できる。このいずれもが具体的な場所を指示して使われる用法である。一方で，無冠詞の 'in place' というイディオム表現では，抽象的に，「正しい位置に，適切に」，'out of place' では，「場違いに，不適切に」，'one's place' では，「職分，本分」の意味があり，修飾語を付けずとも place だけで 'proper place' に相当する価値評価的な意味をもっている。

　また，'Oysters are in'（牡蠣が旬だ）（『ロイヤル』）のような例を見ると，前置詞 in の後には，'place' も 'proper place' も顕在的には表現されずゼロであるが，in だけで「順調で，出盛りで，旬で」のような意味が理解される。このゼロ表現にも，場所に関する一般的な原理が介入して，'proper place' に該当するような価値的な意味が補充され，ここでは，「牡蠣が本来の場所［状況］にある」，つまり「牡蠣が旬だ」というような意味で解釈される。このような日英語の例を見ると，「場所」に関しては，単なる任意の具体的な場所のほかに，人や物が属すべき本来のふさわしい場所

があるというような価値評価的な一般原理が働いていることがわかる。

以上,「場所」をめぐる価値評価の参入の仕組みをまとめてみたが,それ以外にも「形」,「全体」,「断片」などの空間的な概念を表す語の意味の根底に非常に一般度の高い価値評価の原理が地下水脈のように通底して働いていることを指摘し,その原理をいくつか提案してきた。そして,その原理は,個々の語の指示的な用法とは異なる比喩的な,あるいはイディオム的な意味延長を支えているということも明らかにしてきた。これらの分析からも明らかのように,私たちは空間に対して私たちの側から主観的に一定の価値評価を下し,それを一般的な語彙原理として使用していると言うことができる。その一つが,「ものは一定の秩序の下にあり,それぞれがふさわしい場所と形をもち,その場所・形を有するときが本来の状態である」という原理であった。このように,さまざまな客観的な対象空間との接触を保ちながらも,同時に,それに対する一般的な価値評価を私たちは下しているが,このような原理は,個々の具体的な空間に見られる個別的な特徴を捨象しているという点で,抽象的であると言える。しかし,それは同時に人間の心理内での空間認知の様式を表すものであることを考え合わせると,このような原理は単なる恣意的抽象体系の一部とは言えず,人間の空間体験に基づく有縁性の高い認知的な原理でもあるということが言えそうである。このことについては,1.3.2節「基層原理の性格」で再度ふれることにする。

このような基層原理の作用の仕方については，現状ではまだ推測の域を出ないが，次のように整理することができるように思われる。われわれの心理内では，何らかの様式で，「本来の状態」を中心点と想定し，この「本来の状態」が，「通常」，「正常」，「望ましい状態」，「元の状態」などと解釈され，さらに，これらの下位概念として，「正しさ」，「意識」，「健康」などが付置され，それぞれの表現に応じて，「本来の状態」が「正しさ」，「意識」，あるいは「健康」などと，より具体化されて解釈がなされるということができるだろう。ここで重要な点は，本章の具体的事例で観察されたように，これらの概念が，一定の空間概念と結びついているということである。そして，客観的な空間それ自体には本来存在しない一定の価値規範的な評価がなされ，その評価尺度は，私たちの意味世界の基層領域に蓄積されており，個々の語に応じて比喩的あるいはイディオムの意味の拡張を行っていると想定することができる。

このような原理がなぜイディオムや比喩表現に参入しやすいかは，この時点ではすでに明らかであろう。イディオムや比喩表現は，特定の具体的な場所を指示するという役割から解除されているからこそ，一般的な抽象的な価値評価の世界が参入しやすいと思われるからである。イディオムや比喩表現は，従来，個別的で例外的な現象として，分析を拒む意味領域と考えられてきたが，本章で見たように，むしろ，基層にある一般原理を発見しやすい領域であると言えるだろう。言語が現実との密接な接触をもたざ

るを得ない「文字通りの」(literal) 意味用法の世界では, 言語は, いわば現実の対象世界に引っ張られて, 一般的な価値評価という人間の主観的原理の世界は表出しにくいと言える。それに対して, イディオムや比喩表現の意味世界では, 現実世界との繋がりが緩くなるために, 主観的評価の原理が介入しやすいということができる。その意味で, イディオムや比喩表現は, 意味の基層の隠れた一般性の高い原理を発見できる宝庫とも言えそうである。

基層原理の働き方に関して注目すべき点の一つは, ゼロ表現に働きやすいということである。ここで,「違う」という身近な語の用法を例にしてその仕組みをわかりやすく考えてみよう。「違う」という語は,「比べてみて, お互いに相違するとか, 異なる」という意味を表すが, たとえば,「国によって習慣が違うのは当然だ」のような場合で, 国々の習慣を比べてみるとお互いに異なっていることを意味する。しかし, たとえば, 数学の問題の解答をした人に対して, 日本語で,「それは違うよ」と言ったとしよう。この場合の「違う」は, 答えが「間違っている」という意味で理解される。なぜ「違う」ということだけで「間違っている」ということが意味されるのであろうか。この「間違っている」という意味を理解するためには,「〜と違う」における「〜と」に当たるゼロの部分の解釈が補充されなくてはならない。この意味の形成をわれわれの考え方から説明を試みると, 概略, 次のようになるだろう。

(23) 「〜と違う」→「正解と違う」=「間違う」
　　　　　　　↑
　　　「正しいこと」(=正解)
　　　　　　↑
　　　「本来の状態」

「それは違うよ」と言う場合,「〜と」に当たる意味要素がゼロになっているので,その意味内容が補充されなければならないが,ここに基層原理が介入し,中心点としての「本来の状態」,さらに,この場合には,その下位概念の一つである「正しいこと」,つまり,問題の「正解」がゼロの部分「〜」のところに入って意味の補充を行われ,その結果,「正解と違っている」,すなわち「間違っている」という完結した意味の理解がなされることになる。

　このメカニズムが実際に心理内で行われているかどうかは,現在のところ確かめようがないが,「本来の状態」に関わる基層原理のようなものが存在することは間違いないように思われる。そして,基層に通底する原理であるからこそ,表層のコンテクストによっては補充されないゼロ表現の意味の補充を行うことができると考えられるのである。別な言い方をすれば,通底する一般原理としての暗黙の前提があるからこそ,表層のレベルでの省略が可能になるということもできる。

　本章で取り上げた基層原理は,基層にあると思われる諸原理のほんの一部ということになるだろうが,この種の原理の発見は,

当初の私たちの目標である心理内辞書の原理的体系化の仕組みの理解をもたらしてくれるだけでなく，私たちが心理内にもっている暗黙の，いわば，地下水脈の「意味の深層」の解明へと導いてくれるかもしれないのである。

1.3.2. 基層原理の性格

これまで述べてきたような基層原理に関して最も難解な問題の一つは，このような基層原理が一体どのような成立基盤をもったものであり，また，人間の心理構造においてどのように位置づけられ，どのような性格をもつものであるか，という点である。この問題は現在のところ解明することが困難であるが，今後の言語研究あるいは人間心理の研究の未来を握る大きな問題の一つと考えられるので，ここで，不完全ながら，私見を述べておきたい。

本章で論じた原理は，空間に関する人間の側からの一定の価値評価を表すもので，空間それ自体がもつ性質ではないと思われる。このような原理は，個々の現実空間を捨象しているという点では，抽象的であるが，同時に人間の心理内プロセスにおける空間感覚・認識を表すものであることを考えると，単なる恣意的な抽象体系の一部ではなく，人間の空間体験に基づく心理的有縁性の高い原理である可能性が高いということになる。意識のなかに評価の中心点が生まれ，それが空間概念と有機的な関係をもっていると考えるのが正しいとすると，想定できる一つの仮説は，空間に関する人間の経験が基盤になって，評価の中心点が生まれる

とする考え方である。

　本章の第1節で取り上げた Clark (1974: 331) は，come / go の直示性 (deixis) の用法の根底に 'EGO / NON-EGO' の対立を置き，中心点 EGO からさまざまな直示の中心が延長されるのではないか，という考え方を述べている。この考え方は十分に論証されているわけではなく，著者の Clark 自身も EGO / NON-EGO と他の延長物である諸々の「中心」との関連性の解明は今後の課題としているために明確なことは言えないが，少なくとも，人間の空間体験のなかで，EGO の視点から空間の解釈を行い，そこから何らかの方法で価値評価を生み出すという考え方であると推測することができる。あえて敷衍してその先を考えてみると，人間の体験のなかで，EGO の通常の状態（たとえば，健康な状態，意識のある状態）を「本来の状態」＝「正常な状態」と評価する，なんらかの心的メカニズムが働き，意識の中心点を固定させていくと言えるかもしれない。しかし，このような意味の基層原理がまったく空間の体験のみから後天的にかつ帰納的に成立するものであるのか，あるいは，ヒトという種がもつ先天的な素質の助けを借りるものなのか，今のところ不明である。

　また，本章で述べた「ものは一定の秩序の下にあり，それぞれがふさわしい場所と形をもち，その場所・形を有するときが本来の状態である」という原理と EGO との関連性をどのように捉えるべきかという点も決して自明ではない。そもそも EGO とは何かという肝心な点の理解ができていない。たとえば，EGO とい

う場合，「意識」だけなのか，あるいは，「身体」まで含みもつ概念であるのか，また，深層心理学でいう「無意識」までも含む幅をもつ概念であるのか，などの点も明らかでない。ちなみに，日常言語で使われる oneself（自分）という語の意味を見ても，その多義的な意味の複雑さが観察される。たとえば，'save oneself'（力を蓄える）の oneself の意味は「力」，'wash oneself'（体を洗う）では「体」，'make oneself understood'（自分の言いたいことをわかってもらう）では「考え」，'come to oneself'（意識を回復する）では「意識」，というように日常の言語の意味世界でも，oneself の意味は多面的である。しかし，この根本的な問題に関する正確な理解は現在のところ不可能であっても，上で述べてきたような意味の基層原理は，単なる抽象的な恣意的体系に属すのではなく，私たち人間の心理的な（あるいは生物学的）機構に根差した価値的意味の世界にあるものであると考えることもできる。これらの価値評価が客観的世界のそのままの反映でないということから性急な結論として，価値の世界はまったく虚妄の世界であるという考え方を引き出してはならないことも明らかであろう。これからの意味研究においては，客観的世界と人間の心理世界との接触距離に応じた「意味の深さ」を査定し，それぞれの深さに応じた意味理論を開拓していくべきであろう。

第 2 章

名実の意味論

はじめに

　第1章では,「場所」や「形」,「全体」,「断片」などの空間的な概念を表す語をめぐる価値評価の参入の仕組みについて考察したが, これらの語の意味の根底に非常に一般性の高い価値評価の原理が地下水脈のように通底して働いていることを指摘し, その原理が, 個々の語の指示的な用法とは異なる比喩的あるいはイディオム的な意味延長を支えているということも明らかにしてきた。もう一度, 場所を表す日英語の語を例にして, 論点を整理してみたい。たとえば, 日本語の「場所」や「場」,「ところ」という語は, どのような場所でもところでも, 具体的に指すことができるが, 一方で,「(ものが) 本来あるべき場所」という, 一定の価値評価を付与された場所を指すこともできる。たとえば,「ところを得る」や「場違い」のような表現が日本語にはあるが, この「ところ」や「場」は, 単なる具体的な場所ではなく,「本来の [ふさわしい] 場所」というような, 価値評価のなされた領域を意味している。「本来の」や「ふさわしい」という修飾語がなくても,「場所」や「ところ」という語だけで, 本来の場所やふさわしい場所が意味されている。つまり,「場所」という語の表す「カテゴリー」(category) の内部に価値評価 (evaluation) による差異化がなされて,「本来の場所」と「そうでない場所」に分けられることを示している。ここでカテゴリーという用語を使用したが, これは範疇ともよばれ, 一般的には,「同じ種類のものの所属する部

類・部門」(『広辞苑』第五版) のことを指す。英語の 'place' にも日本語の「場所」と同様なことが言える。たとえば，'in a place'（ある場所で）や 'in the place'（その場所で）のように，不定冠詞 a や定冠詞 the を伴えば，ある具体的な場所を話し手は指示することができる。いずれの用法も，具体的な場所の指示 (reference) を行う用法である。一方で，無冠詞の 'in place' というイディオム表現では，抽象的に，「正しい位置に，適切に」，'out of place' では，「場違いに，不適切に」，'one's place' では，「職分，本分」の意味があり，proper（適切な，本来の）のような修飾語を付けずとも place だけで，'proper place'（適切な場所）と言い換えられるような価値評価的な意味をもつ。つまり，場所なら場所という同一のカテゴリーの内部に，「本来の場所」と「そうでない場所」というように，内部の差異化が行われている。

　本章では，カテゴリー内部の差異化ならびに価値評価の参入をとらえる道具立てとして，多重境界線と名実の意味論の考え方を導入する。そして，その道具立てを使って，日本語の「らしい」と英語の like, likely の間に共通して見られる不思議な意味の仕組みを分析する。また，カテゴリー化を考察するにあたって，従来の〈身分け構造〉と〈言分け構造〉に，さらに〈選り分け構造〉を加える必要があることを提唱する。さらにまた，研究の視野を言語学から他の分野にも広げて，文化人類学や民俗学における境界論も参考にして，多重境界線の考え方を深めていきたいと考えている。

2.1. 多重境界線：外なる境界線と内なる境界線

カテゴリー内部の差異化の仕組みを捉えるために，2 種類の境界線 (boundary) を設定する方法を考えてみたい。通例，カテゴリーに関する境界線と言えば，あるカテゴリー（たとえば，「山」）と，それとは別のカテゴリー（たとえば，「丘」）を区別するために，その境界に引かれると想定される線のことを言うが，もう一つの境界線は，「場所」なら「場所」という同一カテゴリーの内部に引かれて，価値的に対立する「本来の場所」と「そうでない場所」のような二つの内部領域を生み出すと考えられる境界線のことである。前者のように，異なるカテゴリー間に引かれる境界線のことを，便宜上，「外なる［外部］境界線 (outer boundary)」，後者のように，同一カテゴリーの内部に引かれるものを「内なる［内部］境界線 (inner boundary)」とよぶことにする。

ここでまず，多義語に見られる内なる境界線を取り上げて，語の意味には一定の偏りが観察されることからはじめよう。次に取り上げる value という語は，(1) のように，名詞として使うこともできるし，(2) のように，動詞としても使うことができる。

(1) a.　land values （地価）

　　b.　articles of value （高価な品物）

(2) a.　His house was valued at $100,000.

　　　　（彼の家は 10 万ドルと評価された）

b. What do you value in life?

(人生で何が価値があると思いますか)　　　(『ロイヤル』)

ここで着目したいのは，(1) と (2) のそれぞれの (a) と (b) の違いである。(1a) は「地価」の意味で，(1b) は「高価な品物」の意味であるが，大きな違いは，(1a) の value が，「高い・低い」の評価をしない中立的な「価値」一般を表しているのに対して，(1b) の value は，修飾語もなくても，それだけで，「高い価値」という，すでに一定の評価が下された意味をもっていることである。したがって，同じ value という語であっても，評価の下されていない（言い換えれば，価値の全領域に言及できる）「価値」を表すのに対して，もう一方は，この「価値」の全領域の中から「高い価値」という，すでに限定されて絞り込まれた内部領域だけを意味する。別な言い方をすると，value という語の意味領域の内部に内なる境界線が引かれ，「価値全般」から「高い価値」という内部領域が区別されて取り出されることになる。同様なことは，動詞 value の用法 (2) にもあてはまる。(2a) の動詞 value の使い方を見ると，彼の家が「どの程度の価値をもつかを評価する」という意味であるのに対して，(2b) の場合は，一定の評価が下されていて「高く評価する」という意味で使われている。このような一定の高い評価の意味まで含むかどうかで，つまり，評価による内部の絞り込みの有無によって，value のこの両義が生まれていることがわかる。

興味深いことに，同じような価値評価の参入する多義性の現象が，日本語の「評価」や「批判」などの語にも起っていることがわかる。『広辞苑』によると，「評価」の意味として，「善悪・美醜・優劣などの価値を判じ定めること。特に，高く価値を定めること」とあり，「特に，高く価値を定めること」という評価的な偏りがこの語にあることがわかる。それに対して，「批判」の定義を見ると，「人物・行為・判断・学説・作品などの価値・能力・正当性・妥当性などを評価する。否定的内容をいう場合が多い」と記述され，この場合には，「否定的内容」に傾く傾向をもつ語であることがわかる。それでは，「批評」という語はどうであるかを調べてみると，「物事の善悪・美醜・是非などについて評価し論じること」とあり，評価に関して肯定あるいは否定への偏りはないことがわかる。ちなみに，英語の criticize は，辞書（LDCE）の定義を見ると，(3a) のような，評価からは中立的な判定，つまり，善し悪しを判定する行為を表す意味のほかに，(3b) のような，「非とする」あるいは「非難する」という，否定的な評価の意味が侵入して使われる場合のあることがわかる。

(3) a. to express judgements about the good and bad qualities of something:

 e.g. 'Criticizing your own work is very difficult.'

 （自分の作品を評価することはとても難しい）

 b. to express your disapproval of someone or something, or to talk about their faults:

e.g. 'Ron does nothing but criticize and complain.'

（ロンはただ非難と不平を言うことしかしない）

以上の例を見ると、価値評価の意味をもつ修飾語句をつけなくても、同一語の意味の内部において、内なる境界線が引かれ、中立的な意味と評価的な意味が多義として共存する例がかなり広く観察されることがわかる。

2.2. 「らしい」のあいまい性：「推定」と「典型」

ここで、前節で導入した多重境界線（ここでは、二重境界線）によって説明がしやすくなる例として、英語の like, likely と日本語の「らしい」の興味深い共通性を取り上げたい。

(4) a. That sounds like the postman.

（あの音は郵便屋さんらしい）

b. It's just like her to tell everyone about it.

（そのことを皆に喋ってしまうのはいかにも彼女らしい）

(5) a. It is likely to rain.

（雨になるらしい）

b. This looks a likely place for a picnic.

（ここはピクニックにふさわしい場所のようだ）

(OALD)

(4) では，like の用例が 2 例，(5) では，likely の用例が 2 例あるが，それぞれの (a) と (b) の意味の違いは何であろうか。まず，(4a) では，主語の that が指す音を聞いて，郵便屋さんが来たことを推定している。このタイプの意味を「推定」とよぶことにする。それに対して，(4b) は，日本語訳からも分かるように，「そのことを皆に喋ってしまう」ことが，いかにも彼女なる人物がやりそうな典型的な特徴であると述べている文である。この意味のタイプを「典型」とよんでおきたい。次に，(5a) を見てみると，「雨が降る」ことを推定している文である。(4a) の like と同じような「推定」を likely が表していると言える。それでは，(5b) の likely はどのような意味を表しているだろうか。日本語訳から分かるように，this の表す場所が，ピクニックにふさわしい典型的な場所であると述べている文である。likely にも like と同じように，「推定」と「典型」の意味があることがわかる。

これらの用例に現われる like，likely すべての意味に共通する核は「類似性がある（＝似ている）」ということであると思われるので，(4) と (5) でそれぞれ何に類似しているかを考えてみると，これらの例の意味の関連性を統一的に説明できるように思われる。詳細は拙稿（1998, 2002, 2003）を参照いただきたいが，(4a), (5a) では，それぞれ，郵便屋さんの音かそうでないか，また，雨が降るかそうでないか，という外なる境界線に焦点が置かれ，その境界線の内部領域，つまり「郵便屋さんの音」，「雨が降る」に類似していることから「推定」の意味が生まれると考えら

れる。一方, (4b), (5b) では, 同一カテゴリー内の典型かそうでないかという内なる境界線が問題になり, その典型的特徴に類似していることが述べられていると分析できる。(4b) では, 彼女のさまざまな特徴のなかで, 特に彼女の典型的な特徴に類似しているということであり, (5b) では, ピクニックにとってふさわしい典型的な場所に類似していることが意味されている。「推定」と「典型」という, 一見無関係にみえる like, likely のこの二義性も二重境界線の設定によってそのつながりが明らかになるように思われる。

興味深いことに, これと同様の説明が日本語の「らしい」の二義性にもほぼそのままあてはまる。次の例を見てみよう。

(6) a. 明日は雨らしい。
 b. 雨らしい雨が最近降っていない。

(6a) の「雨らしい」は「推定」の意味で問題がないが, (6b) の場合は,「雨とよぶにふさわしい雨が最近降っていない」と言い換えられるので, この「雨らしい」は「典型」の意味だと理解される。『広辞苑』によると, (6a) の「らしい」は助動詞であり,「1. 根拠や理由のある推定を表す。2. 確かな伝聞などに基づく推定を表す」の意味に当たる。一方, (6b) の「らしい」は, 形容詞を作る接尾辞であり,「1. (体言に付いて) ... の様子である。... の風がある。2. (形容詞の語幹について) ... の感じがする。いかにも ... と思われる」の 2. の意味に相当すると思われる。しかし, この記

述だけでは，両者のつながりは明確ではない。(6) の「らしい」の二義性は，(4) と (5) の「推定」，「典型」の意味のつながりとよく似ていると思われる。(6a) の「雨らしい」は雨が降るか降らないかという外なる境界線に焦点が当てられ，「雨が降る」と推定しているのに対して，(6b) の「雨らしい」は，内なる境界線によって，雨の中でも「雨とよぶにふさわしい雨」に絞り込み，それとの類似性が主張されていると説明ができるであろう。一見関係のないように見える「推定」と「典型」の両義を有効に関連づける考え方が，カテゴリーの外部ならびに内部の境界線という二重境界線という仕組みの設定によって得られると思われる。

　このように考えてくると，たとえば，同じ「男」なら「男」という語を使っても，「女性」のような異なるカテゴリーと対立した意味の場合と，同一カテゴリー内の典型的な男を取り出す場合があることになる。この二つの場合の意味の違いは，まさに「男らしい」という表現の二つの意味のあいまい性に現れる。一つは，たとえば，遠方から歩いてくる人物がいて，それが男性かそうでないかが問題になるような場合で，「（あれは女性ではなくて）男らしい（＝男のように見える）」と推定する場合である。もう一つが「典型」の意味であるが，男性の中ででも典型的な男性のもつ特徴を取り出して，「男の中の男」，すなわち「（彼は）男らしい」と言う場合である。このような同一カテゴリー内の典型に絞り込んでいくメカニズムは，一般に，プロトタイプ効果 (prototype effect) とよばれており，認知言語学 (cognitive linguistics) の中心テーマの一つである。これに関する解説や文献については, 寺澤編 (2002)『英語学要辞典』の prototype, prototype effect の項, また河上 (編著) (1996) を参照していただきたい。

2.3. カテゴリー化という問題

　前節では, 英語の like, likely と日本語の「らしい」を取り上げ, いずれの語も「推定」と「典型」という二つの意味をもっている事実を, カテゴリーの外なる境界線と内なる境界線を設定することにより説明することを試みた。一見関連性がないように思われる「推定」と「典型」の意味も, 内外の境界線と「類似性」という意味の核を設定することにより, 一定の原則に基づく意味のつながりをもつ多義性であると説明できることを述べた。本節では, 私たちがカテゴリーを形成する認知活動であるカテゴリー化 (categorization) という仕組みに焦点を当てて, その問題点を探り出していくことにする。

　カテゴリー化とは「事物や事象の固定や差異化を行い, 共通性や関係性に基づき般化 (generalization) によって凝集性のあるカテゴリーを形成する創造的認知活動である」(辻 (編) (2003: 5)) のように定義される人間の精神基盤の一つである。アリストテレスの古典的なカテゴリー論以来の長い歴史をもつ概念であるとされるが, 認知言語学などによって新たな洞察が加えられている興

味深い研究領域である。その研究成果の概要については，辻（編）(2003: 92-115) が有益であるが，本章においては，日本語の「名実ともに備わった」とか「名ばかりの」などの慣用的表現に出てくる「名」と「実」という日本語概念を使用した分析を通して，カテゴリーの内部構造や価値評価の問題を考えてみたい。さらに，ソシュールの記号学や仏教思想との接点から，カテゴリー化という問題，ならびに，その仕組みを精神基盤とする人間という問題にもふれてみたいと思っている。以下で，まずカテゴリーの内部構造とカテゴリー内否定および価値評価参入の仕組みを示す二つの言語事象を検討してみたい。次に，名実の意味論というテーマで，カテゴリー内部の差異化の分析モデルを提示したい。最後に，前節までのカテゴリー分析に基づき，ソシュールの記号学，また，般若系の仏教思想とも照らし合わせながら，カテゴリー化そのものがもつ問題を浮かび上がらせたいと考えている。

2.3.1. 内部対立と外部対立：カテゴリー内否定とカテゴリー外否定

カテゴリー (category) は，範疇ともよばれ，一般的には，「同じ種類のものの所属する部類・部門」（『広辞苑』）のことを指すことはすでに上で述べた。カテゴリーに所属する要素をメンバー (member) あるいは成員とよぶが，一般的には，どのメンバーも同一の規準を満たし，同一の成員資格をもち，内部は均質な集合体を構成していると考える傾向がある。たとえば，日本語の

「国民」というカテゴリーを例にとってみると、それに属する成員はすべて国民としての同一資格をもつと考えられ、そのカテゴリー内部の成員はどの成員も100％国民であり、そのカテゴリーの外には、100％国民でないものがくる。この考え方では、カテゴリーの内と外を区別して引かれる境界線は明確であり、それをはさんで二項対立（「国民」か「国民でないもの」かの二項の対立）が形成されると考えられている。しかし、第二次大戦中に使われた「非国民」という例は非常に示唆に富んでいる。『明鏡辞典』によると、「非国民」は「国民としての本分・義務に反する行為をする者」と説明されているが、事実としては「国民」でありながら、当時のあるべきとされた国民としての資格や価値をもたない者として、「国民」からは排除されるのが「非国民」である。国民であって国民でない、という一見矛盾した状況が生じている。

このような状況を作りだす表現はほかにもある。たとえば、江戸時代の「非人」も同類のものであろう。士農工商の下におかれた被差別階層の人を指して使われたが、ここでも、人であって人でないという状況が生まれている。さらにまた、「〜失格」という表現があるが、これに該当する成員にも同様のことが生じている。人間であっても「人間失格」とよばれる人がいる。人間とよばれる集合のなかに、人間失格の成員がいる。教員失格、父親失格など、これらの例は生産的に作られる表現であることを考えると、同一カテゴリーの中に、合格とされるグループと失格とされるグループを差異化して区分するような思考プロセスが存在する

ことは間違いない。

このような例が英語にもあるのかどうかを調べてみると、英語にも同様の思考プロセスがあることがわかる。接頭辞 non- の否定の働き方を見てみると、ある語に否定の接頭辞 non- が付くときには、その語が表すカテゴリーには属さないものが含意されるのがふつうである。たとえば、nonalcoholic と言えば、alcoholic (「アルコール飲料」) というカテゴリーには属さないもの、すなわち、「アルコールを含まない飲み物」が意味される。「アルコール飲料」の中に、「アルコールを含まない飲料」は含まれることはない。つまり、nonalcoholic は alcoholic とは両立しえない (incompatible) 概念であると言える。しかしながら、以下の諸例が示すように、non- で、同一カテゴリー内部の否定領域を指す場合がある。以下の用例と意味定義は、『リーダーズ』および『リーダーズ・プラス』による。[1]

まず、nonage という語を見てみよう。

(7) nonage:〔法〕未成年 (期);未熟 (期), 幼稚

---

[1] 以下に引用する辞書は、電子辞書版の『広辞苑 (第五版)』[以下、『広辞苑』と略記]、『リーダーズ英和辞典 (第2版)』+『リーダーズ・プラス』[以下、『リ英和』]、『ジーニアス英和大辞典』[以下、『ジ英大』]、 *Oxford Advanced Learner's Dictionary of Current English*, 6th edition [以下、*OALD*]、*The Concise Oxford English Dictionary*, 10th edition [以下、*COD*]、*Collins COBUILD English Dictionary for Advanced Learners*, 3rd edition [以下、*COBUILD*]。

age は全年齢を指すことができる語であるが、それに non- が付加されると、上記のような意味になり、全年齢のなかの特定の年齢期である未成年期や未熟期を表す。age という語は面白い語で、いま述べたように、全年齢を意味することができるだけでなく、成年や老齢という特定の年齢期を表すこともできる。この事実を考慮に入れると、nonage は、年齢そのものの否定というよりも、成年や老齢という特定年齢期を否定することによって未成年期を意味すると言えるかもしれないが、これについては後述する。ここで重要な点は、nonage の否定作用は、全年齢の意の age を否定して、「無年齢、年齢がない」などの意味にはならないことである。全年齢期 age の内部の一領域である未成年期を意味する。ここで、あるカテゴリーを否定したときに、その外部を表す否定を「外部否定」(external negation)、その内部の否定領域を表す否定を「内部否定」(internal negation) とよぶことにするが、この用語法に従えば、nonalcoholic の non- は、「アルコール飲料」以外のものを意味する否定なので外部否定になり、nonage の non- は age (「年齢」) の内部の「未成年期」を意味するので内部否定ということになる。

次に、noncollege という語の意味を見てみよう。

(8) noncollege：大学〔カレッジ〕に行かない〔行ったことのない〕；大学〔カレッジ〕にふさわしくない

「大学〔カレッジ〕に行かない〔行ったことのない〕」という意味

は外部否定に相当するが,「大学〔カレッジ〕にふさわしくない」の意味は興味深い。「ふさわしくない」という訳語に着目したい。この意味の non- は,同じ大学でもそれを大学らしい大学と大学らしくない大学とに区別して対立させて,「大学らしい大学」を否定していることがわかる。

　この「らしさ」の有無を問題にする non- の働きは,次の noncountry にもそのままあてはまる。

(9) noncountry:国家らしくない国家(人種が同一でなかったり,自然国境がなかったりする国)

noncountry は「国家でないもの」を意味するわけではないので,外部否定ではない。「国家」の中に「らしさ」の違いをカテゴリー内部に設定して,「国家らしい国家」であることを否定し,「国家らしくない国家」を意味するので,内部否定の例である。つまり,「国家」という同一カテゴリーの成員を「国家らしい国家」と「国家らしくない国家」に差異化する働きをもつ否定である。

　次の nonentity では,「らしさ」と関連すると思われる価値評価の意味が内部否定によって参入していることがわかる。

(10) nonentity:実在［存在］しないこと［もの］,作り事;取るに足らぬ［つまらない］人［もの］,パッとしない人物

「実在［存在］しないこと［もの］」という意味は,「実在すること［もの］」を外部否定したものであるが,「取るに足らぬ［つまらな

い］人［もの］」は，「取るに足らぬ［つまらない］」などの価値評価によってカテゴリー内部が差異化されているが，存在（entity）であることに変わりない。したがって，「取るに足らぬ［つまらない］人［もの］」は内部否定によって作り出された意味である。

以下，類例をいくつか挙げて簡単なコメントを付け加えながら，カテゴリーの内部構造の価値評価を明らかにするのに必要と思われる特徴を取り出しておきたい。

(11) nonevent：期待はずれのできごと：《前宣伝ばかりで》実際には起こらなかったできごと：《鳴り物入りだが》中身のないこと：公式には無視されたできごと：《マスコミによる》'やらせ'

event には，どのような出来事でも表せる中立的な用法もちろんあるが，event だけで「重大事件」のような意味のかたよりがある。ちなみに，日本語の「事」にも，「出来事」一般の意味のほかに，「あの人を怒らしたら事だぞ」のような場合に見られる「重大な出来事」の意味もあり，日英語で共通の意味拡張が見られる。さて，上記の nonevent には，外部否定による「実際には起こらなかった出来事」の意味もあるが，「出来事」でありながら「期待はずれの」とか「中身のない」とか「公式には無視された」「やらせの」のような，「重大事件」と対立するようなタイプの出来事も意味されている。つまり，event の内部否定の結果，評価の差異化がなされ，マイナス評価がなされる出来事が意味されている。そ

して，その逆の「期待通りの」「中身のある」「やらせでない」「公式にとりあげられた」などの特徴をもつ event が中心的な，プラス価値の event とみなされていることがわかる。

次に，

(12) noninformation：当面の問題に関係のない情報

これは内部否定の例である。情報に関して「関連性の有無や度合い」が設定され，当面の問題には関係ないことが non- によって意味される。しかし，それでも，情報である点にかわりはなく，information というカテゴリーに所属するものである。

(13) nonissue：たいして重要でない問題，どうでもいい問題

(13) の例でも，issue（「問題」）が価値評価（ここでは，重要度の段階）の差異化が行われ，「問題」ではあっても，「重要度の低い問題」であることが意味されていることがわかる。

(14) nonperson：存在しない〔存在したことがない〕とみなされている人；(あまり) パッとしない人，非重要人物，弱者；失脚者（unperson）

ここ (14) でも，「人」を重要度という点で内部対立させる否定の働きが見られる。

(15) nonsystem：十分に組織化されていない制度，非制度

(15)の「十分に組織化されていない制度」の意味では,まだ適切な組織化がなされていない不十分な制度を指している。ここでは,組織化の段階という価値尺度が設定され,それによって適切性が問われていることがわかる。「らしい」という日本語で言い換えると,「制度らしくない制度」ということになるが,制度に関しては,「組織化」が重要な課題とされ,それによって適切性が論じられることも同時にわかる。

(16) non-thing：存在しないもの,無；無意味な〔つまらない〕もの

(16)においては,「存在しないもの,無」という意味は「存在するもの」と対立させる外部否定であるが,「無意味なもの」「つまらないもの」は,存在しているものであっても,それに対するマイナス評価がなされているので,内部否定である。これは「もの」についての価値評価が,「意味の有無」や「とりあげる価値の有無」,「興味の有無」などに関するものであることがよくわかる例である。

(17) nonworking：働いて〔雇用されて〕いない,収入を得ていない,失職中の,不労の；(正規の)仕事とは関係のない；十分に機能しない

「十分に機能しない」の意味では,十分な機能と不十分な機能という段階的な区別が導入されている。それ以外の意味は,働いてい

るかそうでないかの境界線に関わる否定であると思われるので，外部否定の働きと言えるだろう。

　以上の例を見ると，一つのカテゴリーの内部が否定辞 non- によって差異化されて，中心的な領域と周縁的な領域の区別が生れ，周縁的な領域にマイナス評価を与えられていることがわかる。その場合のプラス・マイナスの評価の意味内容は，いずれも「らしさ」に関与していると思われるが，「らしさ」の具体的な意味内容はそれぞれの語がもつ特有の意味に由来する。たとえば，nonsystem では，「組織化が十分されているかどうか」，noninformation であれば，「当面の問題に関係があるかどうか」のように，system らしい system が，また，information らしい information が価値評価の基準になっていることがわかる。このような例を見ると，カテゴリー内部の成員は均質的なものではなく，さまざまな視点から，とくに，価値評価の尺度から差異化がなされ，非均質的なものであると私たちが認識していることがよく理解できる。

　happy のような段階性（grade）をもつ形容詞の場合には，本来さまざまな段階が設定されて，「幸せ」のいくつかの段階が理解される。happy で「幸せな」，unhappy で「不幸な」，さらに，幸福とも不幸とも言えないような中間的な段階を理解する。しかし，「（広義の）もの」を表す品詞である名詞，たとえば，上記の person には，その内部に段階性が設けられるとは通例考えず，「人かそうでないか」の二項対立の世界だとみなし，「人らしさ」

の度合いは設定しない傾向があるように思われる。しかし，上記のnon-の付く名詞の例からもわかるように，同じ「人」であっても，「あまりパッとしない人，非重要人物，弱者」がnonpersonとして差異化されて，人のような「もの」にも段階性を設定する仕組みがあることがわかる。

ここでもう一度nonpersonを例にして，そのからくりを取り出してみよう。(14)で先述したように，『リ英和』には，次のような意味の説明がなされている。

(18) (=(14)) nonperson：存在しない〔存在したことがない〕とみなされている人：あまりパッとしない人，非重要人物，弱者；失脚者 (unperson)

ここでnonpersonが「非重要人物」を意味する場合を例にすると，この非重要人物とその対立項である重要人物は，どちらもperson「人」であることに変わりはないので，いずれもpersonのカテゴリーの中に含まれることになる。この意味の状況を，便宜上，(19)のように表記することにする。括弧の外側にくるPERSONはカテゴリーを表し，括弧の中のimportant personとunimportant personはその成員として含まれていることを表すものとする。

(19) PERSON (important person, unimportant person)

(19)の表記の示すカテゴリー内部の構造関係は，解釈上問題

を引き起こすことはないと思われる。つまり、カテゴリーPERSON の中に、important person と unimportant person が成員として含まれていることが明記されているので誤解はない。

しかし、次のような表記をしたらどうであろうか。

(20) PERSON (person, nonperson)

カテゴリー PERSON の中に、その成員として person と nonperson が包含された集合であることが表示されている。PERSON が、同一語形の person を内部に含み、かつ、その否定形である nonperson も内部に含むという状況は論理的には極めて異常な事態に見える。つまり、PERSON は nonperson でもあるということを意味し、矛盾 (contradiction) であり、論理的には不適合のように見える事態である。しかし、この状況こそがこれらの語に関する言語的事実なのである。(20) がこの事実に沿うように理解されるためには、括弧の外側にある PERSON が一般的な「人」というカテゴリーを表し、括弧の内部にある person が形容詞もなくそれだけで「重要人物」という成員を意味し、nonperson が「重要人物」を対立項にもつ「非重要人物」という成員を指しているという意味構造が理解できなければならない。

しかし、もしここで nonperson の non- が、nonalcoholic の non- と同じように、通常の否定作用であると考えられる外部否定が適用されたものと仮に理解するならば、次のような意味構造が想定されることになる。

(21) PERSON ((important) person), nonperson

この解釈の方法では，nonperson は（外部）否定により，person の集合の外に排除されていると理解される。そして，(21) の PERSON というカテゴリーは，括弧内部に位置する person を限定している important を（ ）で囲んで見えなくさせると，均質的な person だけが含まれる純粋集団ができ上がる。その結果，nonperson は person であるのにもかかわらず，「非-人」として，集合の外側に排除される。nonperson の non- は内部否定であるにもかかわらず，外部否定と考えられて，person と nonperson は異なるカテゴリーとして対立する構造であると理解されることになる。言い換えれば，nonperson の成員を外に排斥することによって，カテゴリー PERSON は異端分子を含まない論理的整合性をもつ純粋集団であると理解できる架空の状況が作りだされる。このからくりは，まさに，上述した日本語の「非国民」が生み出された仕組みと同じものであり，カテゴリー化がもつ純粋化と異端分子の創成・排斥という問題である。

　語（word）は形式（form）（＝ソシュールのいうシニフィアン）と意味（meaning）（＝シニフィエ）との結合であるという点から上記の状況を考えると面白い点に気がつく。語の形式面でいうと，(21) は，important が削除されると，きわめて論理的な整合性をもつ（すなわち，person は person であって，nonperson ではないという同一律と矛盾律を守っている）ように見える。それに

対して，(20) は，逆に，その整合性を欠いているように見える。それは，person のなかに，同一語形の person とその否定形である nonperson をその成員として含むからである。しかし，言うまでもなく，(21) は英語の事実ではなく，(20) のほうが事実である。(20) の事実を説明するためには，non- による否定が内部否定の働きをもつこと，また，同じ形式 person にも意味の差異化，すなわち，「人」と「重要人物」の二義があること，この両者の仕組みを説明できることが要請されることは明らかである。

2.3.2. カテゴリーの中心と周縁

これまで否定の接頭辞 non- の例を見てきたが，そこで明らかになったことは，一つのカテゴリーに属する成員の資格は一様で均質であるとはかぎらず，ときに価値評価による内部の差異化がなされることがあるということであった。ここでは，カテゴリー内部の差異化を示す別の種類の現象として，「種類」の意味をもつ語 sort や kind のイディオム的表現に現れる価値評価的な意味の参入現象を取り上げてみたい。

その前に，まず，日本語の「～の一種」と「一種の～」の意味の違いから見ておこう。「一種」という表現は，『広辞苑』では，「①ひとつの種類。ひといろ。ひとくさ。②同一の種類。同種。③同一類中に含まれる小異のもの。④（副詞的に用いて）どことなく他と異なっていること」と記述されているが，次の (a) と (b) の使い方をみると，意味がかなり違うように感じられる。

(22) a. 蛇の一種
   b. 一種の蛇

(22a) の例は，蛇という種類（カテゴリー）に属していることを意味する表現であるのに対して，(22b) では，蛇というカテゴリーの内部の差異構造が意識され，その中の典型的な蛇ではなく，境界線上にあるような生き物を指して使われている感じがする。つまり，(22a) の場合には，カテゴリー「蛇」の成員であるということだけで，その資格の適格性の優劣などに関する判断は含まれていないように感じられるが，(22b) の使い方では，その成員間の資格の適格性に差異があることが前提となり，「一種の〜」には，非典型的な成員であるという価値評価がなされていると思われる。これはカテゴリー成員の非均質化をねらった表現形式であるといえる。

このような日本語のカテゴリー内部の差異化の現象は，以下のように，英語の sort や kind にも同様に見られる意味の現象であり，日英共通のカテゴリー内現象と言ってよさそうである。以下，いくつかの辞書の記述を参考にしてみよう（なお，下線は引用者による）。

(23)　*sort* の例

a.　『ジ英大』：

a sort of: (1) 〜の一種：a sort of wine（ワインの一種）

(2) 〜のようなもの，一種の：He is a sort of

politician. (彼はなんというか一種の政治屋ですね)

of a sort = of sorts:《略式》(1) <u>たいしたものではない</u>, おそまつな, <u>二流な</u>: a painting of sorts (つまらない絵) / a meal of sorts (おそまつな食事) / a politician of a sort (へぼ政治家)

(2) 一種の, いわば: A veterinary is a doctor of a sort. (獣医も医者のうちだ)

b. 『リ英和』:

a sort of: 一種の, … のようなもの: a sort of politician (まあ政治家といってよい人)

of a sort: (1) 同種の: all of a sort (似たり寄ったりの)
(2) <u>その種としては不十分な</u>, <u>いいかげんな</u>: a politician of a sort (政治屋)

of sorts: <u>いいかげんな</u>; ある種[程度]の: (目録など) 整理されていない

c. *COD*:

of a sort (of sorts): of a somewhat <u>unusual or inferior</u> kind

d. *OALD*:

of sorts: <informal> used when you are saying that something is <u>not a good example of a particular type of thing</u>

a sort of: <informal> used for describing something

in a not very exact way

(24) *kind* の例

    a. 『ジ英大』:

        of a kind：(1) 同類の, 同じ種類の　(2) <u>名ばかりの, おそまつな</u>：loyalty of a kind（名ばかりの忠誠心）/ He's a doctor of a kind.（彼はあれでも一応は医者なのだ）

        a kind of：《略式》〈人・物・事〉のようなもの, 一種の…, いわば…；漠然とした…（vague）, <u>いつもと違う［ふつうでない］もの</u>：a kind of artist（まあ一種の芸術家みたいな人）/ He had a kind of feeling that something would happen today.（彼はなんとなく今日は何か起こりそうな気がした）

    b. 『リ英和』:

        a kind of：一種の, いわば, あれでも…の：a kind of gentleman（紳士らしきもの, でも紳士）

        of a kind：(1) 同じ種類の: two of a kind（類似した2者, 似たもの同士）(2) <u>（あれでも）一種の, 一応の, 名ばかりの</u>：a gentleman of a kind（でも紳士）/ happiness of a kind（一応幸福と呼べるもの, 幸福らしきもの）

    c. *COD*：

        of a kind：<u>hardly or only partly deserving the name</u>

    d. *OALD*:

    a kind of :<informal> used to show that something you are saying is not exact

    of a kind : 1. <u>(disapproving) not as good as it could be</u> 2. very similar

　これらのイディオム表現の意味記述が辞書によってずれがないわけではないが，不定冠詞 a をともなった sort や kind，あるいは，無冠詞複数形の sorts などの不定（indefinite）表現の意味記述や用例を見ても，カテゴリーの境界線上の「あいまい性」，つまり，当カテゴリーに所属するかどうかの明確な判断ができにくいものに対する一定の価値評価がなされていることがわかる。上記の引用で下線を施した訳語（たとえば，「おそまつな」，「二流の」，「名ばかりの」など）を見れば，それは明らかであり，私たちがカテゴリーへの帰属判断を下すときの価値評価参入のプロセスの一端が窺える例である。

　この「不定冠詞＋単数名詞」や「無冠詞複数名詞」という構造形式そのものに価値評価の意味が備わっているとは考えられない。このような不定表現は，意味上，その名詞の表すものは原則的にはどのようなものも指すことができるはずであるが，sort や kind などの「種類」を表す名詞が上記の例のような不定表現の形式をとると，その種類に属するすべての成員を等価として均質的に指示するのではなく，境界領域にあるような「あいまいな」例

を指示し，同時に，それにマイナス評価が加わり，意味の偏りが生じていることは明らかである。たとえば，a meal of sorts（おそまつな食事）や a politician of a sort（へぼ政治家）などに，そのマイナス評価の意味がはっきり現れていることがわかる。

上記の辞書で意味説明に使われている表現には，私たちの行っているカテゴリー化，カテゴリー判断，価値参入などを考察する上で非常に役立つものが数多く登場している。価値評価を加えない「同じ種類の」という中立的な意味もあるが，特に，注目したいところは，「名ばかりの〜」「おそまつな〜」「一応の〜」「いつものと違う〜」「ふつうではない〜」「その種として不十分な〜」「いいかげんな〜」「なんというか一種の〜」「あれでも〜の」のような価値評価（一般的に言えば，成員としての適切性の低さに焦点をあてる評価）が参入していることである。また，英英辞典の説明も興味深い。'of a somewhat unusual or inferior kind', 'hardly or only partly deserving the name', '(disapproving) not as good as it could be' の下線部を見ると，カテゴリー判断において，「ふつう」の成員かどうか，「優れている」かいないか，「（カテゴリー）名称にふさわしい」かどうか，「良い（あるいは適切な）」例かどうかなどが，判断基準として意識されていることがわかる。

上記 (23) と (24) の例は，カテゴリーの境界線領域あるいは周縁領域の成員にマイナスの価値評価が付与される例であったが，それとは逆に，カテゴリーの中心的な領域の成員に焦点が当

てられる事例も同時に存在する。第1章でもすでに取り上げた語であるが，place をここでもう一度取り上げて，辞書 *COBUILD* による意味の定義を見てみよう（下線は引用者）。

(25) *place*:

in place; If something is in place, it is in its <u>correct</u> or <u>usual</u> position.

out of place; If it is out of place, it is not in its <u>correct</u> or <u>usual</u> position.

it is not one's *place*: If you say that it is not your place to do something, you mean that it is not <u>right</u> or <u>appropriate</u> for you to do it, or that it is not your <u>responsibility</u> to do it.

cf. *to place = to put, rank*

If you place someone or something in a particular class or group, you <u>label</u> or <u>judge</u> in that way.

cf. *belong*

If a person or thing belongs in a particular place or situation, that is where they <u>should</u> be.

e.g., *I'm so glad to see you back where you belong.*（あなたがいるべきところに戻ってくれてとてもうれしい）/ *They need to feel they belong.*（彼らはところを得ていると感じることが必要だ）

place という語は、たとえば、'a list of museums and places of interest'(「博物館や名所のリスト」)のように、「場所あるいはところ」を意味している。この例は、場所であればどんな場所でも指すことができ、その意味では、中立的な用法であると考えられるが、一方、上記 (25) の例が示すように、'in place' という表現には「正しい位置に、適切に」、'out of place' には「場違いに、不適切に」、また、'one's place' には「職分、本分」の意味があり、形容詞がつかなくとも、名詞 place だけで、「ふさわしい場所」「いつもの場所」といった、人や物が本来属すべき場所のような価値評価がなされている。つまり、場所 place という概念には、少なくとも「ふさわしい (proper) 場所」と「ふさわしくない (nonproper) 場所」の二領域が意識されていることがわかる。

この価値評価的な意味は、(25) の参考例 belong の説明にも必要とされる。belong という動詞は、たとえば、'He belonged to the football club.'(彼はフットボールクラブに所属していた)という文のように、ある場所(ここではフットボールクラブ)への所属や帰属を表すのが一般的な用法であるが、上記の引用文 'I'm so glad to see you back where you belong.' にある 'where you belong' は、あなたが属す場所がどのような場所でもいいわけではなく、辞書の記述にもあるように、「(あなたがいるべき)あなたにふさわしい場所」('where you should be') という意味をもっている。「(その人物に)ふさわしい場所」は、どの場所でもいいわけでなく、一定の価値評価がなされた場所を指している。

日本語の「ところ」にも似た用法があるが,「ところを得た」という表現の「ところ」の意味は,どのようなところでもいいわけではなく,その人物にふさわしい場所としての地位や仕事につくことを意味する。名詞 place 単独で形容詞もなく 'correct or usual position' を意味することができるのと同じように,日本語の「ところ」にも,それだけで,「ふさわしい場所」を表すことができることがわかる。このような場所に付与される価値評価参入の原理については第 1 章を参照いただきたい。

　以上,いくつかの種類の例を見てきたが,それらの例から推測できることは,同一カテゴリーの成員は,均質一様なものではなく,一定の価値評価の参入による成員の差異化がカテゴリー内部で意識されることがあるということである。2.2 節で見たように,英語の like, likely,日本語の「らしい」がもつ「推定」と「典型」という同種類の意味のあいまい性を説明するために,二重境界線という道具立てを用いたが,その際に,他のカテゴリーとの間に引かれる外部境界線のほかに,同一カテゴリーの内部にも境界線を設定することが有効であることがわかった。また, 2.3.1 節では,否定の接頭辞 non- には外部否定と内部否定の両方の働きが認められ,内部否定によってカテゴリー内部にその否定領域が差異化される仕組みがあることがわかった。また,'~ of a sort [kind]' のような表現においては,カテゴリーの境界あるいは周縁領域に位置すると思われる成員が焦点化され,その成員に対する否定的な価値評価がなされることがわかった。さらにまた,一

方で,placeも同じように,properなどの形容詞による修飾がなくても,placeだけで,一定の内部領域が指し示されるが,sortやkindの場合とは異なり,その「場所」のなかの中心的な領域が選ばれ,そこに肯定的な意味の「ふさわしい」という評価が参入することがわかった。以上のように,一つのカテゴリーの内部が差異化されて,そこに価値評価の参入が見られる現象を見てきたが,次節では,カテゴリー内外の領域をめぐって組織化がなされる仕組みを説明するための「名実の意味論」の道具立てを展開していきたい。

2.4. [±名,±実] の意味論

一つのカテゴリーの内部に,価値的に差異化された複数の領域をもつと話し手が発話時に絶えず意識するのかどうかは興味ふかい問題であるが,現時点ではまだはっきりした証拠が見出せない。しかし,ある種の構造形式においては,その内部構造が明らかに意識されていることがわかる。以下,そのような構文を取り上げてみよう。

(26) a. 彼女は母親であって母親でない。

b. 彼女は母親ではないが母親である。

c. 彼女は母親は母親である。

d. 彼女は母親は母親であるが,母親らしいことはやって

いない。

ここで「母親」を形式的にAとおいてみると、(26a) は「彼女はAであってAでない」、(26b) は「彼女はAではないがAである」、(26c) は「彼女はAはAである」と、それぞれ書き表すことができる。また、(26d) には、(26c)「彼女はAはAである」が埋め込まれている。一般的に言うと、「AであってAでない」は矛盾（contradiction）を示し、無内容な表現と考えられる。また、「AはAである」は、同語反復（tautology）とよばれ、いわば、当たり前のことを伝え、情報量がゼロであると考えられる。

このような矛盾文や同語反復文は、語用論（pragmatics）において、P. Grice の主張する「協調の原理」(cooperative principle) に違反するように見える文である。「協調の原理」という言語伝達上の原理は、正しい効果的な伝達を行うために話し手と聞き手は互に協力し合うという一般原理のことであるが、その原理の中の一つに、情報の量に関して、必要なだけの情報を伝え、余計なことは言わない、つまり、適切な量の情報を相手に伝えるという原則があるが、(26c) を見ると、「母親」という同じ語の繰り返しであるから、当たり前のことを言っていて、情報量はゼロのように一見思われる。また、(26a) と (26b) は矛盾文であるから、相手に与えられる有意味な情報がなく、内容がゼロの伝達になっているように見られる。しかし、これら (26a-c) のような文は、日本語では日常で実際に使われて理解される有意味な表現である。

それでは，日本語話者はどのようにしてその有意味な解釈を得るのであろうか。ここに，話し手の含意（implicature）を聞き手が推論するという語用論的なプロセスが入ってくる。聞き手は，話し手の文字通りの（literal）表現の意味だけでは発話の解釈ができないときには，話し手が間接的に伝えたいと意図する意味，つまり，含意，を理解すべく推論を行って，話し手の伝達内容を有意味に解釈ができるようにしている（詳しくは，Grice (1989) を参照）。(26a-c) では，カテゴリー内部の差異化というプロセスを行って，その含意が推論されると考えられる。つまり，「母親」というカテゴリーの内部の差異化によって，一見矛盾や同語反復に見えるものに一定の有意義な解釈が施されると考えられる。

すでに，2.1 節で述べたように，カテゴリーの構造をとらえる装置として，二重境界線という見方を導入した。この考え方は，他のカテゴリーとの間に引かれると考えられる外なる境界線のほかに，同一カテゴリーの内部にさらに内なる境界線が引かれることを主張したものである。もともと，ここに言う内外の境界線というものは，実際に外界で観察できるようなものではなく，あくまで心理的なものに関する比喩的・理論的な構築物である。また，それ自体を日常意識化することが少なく，ほとんどの場合に無意識的に機能していると推測されるが，このような理論的な道具立てを設けることにより，意味や価値評価に関するいくつかの興味深い現象が説明しやすくなるとこれまで主張してきた。

内なる境界線の存在は外なる境界線より通常意識されることが

少ないと推測されるが，特に，(26a-d) のような文が表すような事態では，「母親」という同一カテゴリーの内部に異なる意味領域があることが意識化されていると考えることができる。これらの文を理解するためには，「母親」か「非母親（＝母親でない）」かという二分法的なカテゴリー解釈では不十分である。「母親」という概念をめぐって，少なくとも四つの領域を区別することが必要である。まず，母親らしい母親，これは「母親」という名前だけでなく，その内実（母親とよぶにふさわしいと考えられている典型的な意味特徴）も十分もっているグループ（以下，名実ともに備わっているという意味で，[＋名, ＋実] と略記）。次に，「母親」という名前をもつことはもつが，内実が十分備わっていないグループ（[＋名, －実]）がある。また，名前も内実もいずれもないグループ（「[－名, －実]）を考える必要がある。さらにまた，組み合わせのもう一つの可能性として，[－名, ＋実] があり，これは，「母親」という名前こそもたないが，内実は母親と変わることのない，「事実上の母親」あるいは「母親同然の人」などとよばれるグループが属す領域である。

このように考えると，一つのカテゴリーをめぐって，次のような，少なくとも四つの領域が区別できることになる。

(27) a. [＋名, ＋実]　　b. [＋名, －実]
　　 c. [－名, ＋実]　　d. [－名, －実]

ここで「少なくとも四つの領域」という言い方をしたのは，後述

するように，内実の世界は意味特徴の多寡によりさらに差異化が可能であり，それに応じて意味の諸領域や諸段階をもつ多値的世界を構成していると思われるので，正しくは，二重境界線ではなく，多重境界線とよぶほうが適切であろうが，ここでは，内容の充実があるかどうかという二つの領域だけに限定して，二重境界線という視点から議論を進めていきたい。

そこで，一つのカテゴリーをめぐる上記の4領域という観点からもう一度 (26a-d) の例の意味解釈を考えてみると，「彼女は，母親とは名ばかりで，母親らしいことはやっていない」という領域（すなわち，[＋名，－実]）の母親を表せるのは，矛盾文の (26a) と同語反復を含む (26c) と (26d) である。ただし，(26c) の文は別な解釈もできるが，それについては後述する (p. 83) が，「彼女は一応母親は母親だ」というように，「一応」を入れると，[＋名，－実] の領域に属すことがいっそうはっきりする。次に，もう一つの矛盾文である (26b) は，「彼女は母親という名前でよばれることは通例ないが，事実上，母親と同じだ」といった状況で使うことができる文である。この文に出てくる2番目の「母親」は，その名前はもたないが，内実は母親と変らない人物を指している。上記の表記法で言えば，(27c) の [－名，＋実] ということになる。名はないが実はあるという意味の領域がカテゴリー分析にどのような意味をもつのかはさらに深く探求すべき領域だと思われるが，ここではこの指摘だけにとどめておきたい。

このような矛盾や同語反復といった「有標の (marked)」事態

での意味の解釈の仕組みを解き明かすには，(27a) と (27d) の二領域，つまり，［＋名，＋実］と［－名，－実］とだけから成る二分法のカテゴリー構造だけでは不十分であり，(27b)［＋名，－実］，(27c)［－名，＋実］のような，「名」と「実」の'±'が食い違っている領域を想定することが必要になる。これら (26) の例で注意すべき興味深い特徴は，同じ「母親」という名称が，三つの意味領域を指して使われ，三通りの解釈の可能性をもっているということである。しかし，このような矛盾文や同語反復文に遭遇しなければ，「母親」の意味は (27a) だけであり，それに対立する意味領域は (27d) であると思い込む傾向が強いだろうことが推測される。その場合には，同一カテゴリーの内部を均質的で一様な意味構造と理解することになり，「母親」の意味の内部世界にある異質な多様性は隠されるという結果をもたらすといえるだろう。[2]

---

[2] 仏教，特に，禅において，「A は A でないから A である」という論理が鈴木大拙によって指摘され，「即非の論理」とよばれる（鈴木 (2010: 第 5 篇) 参照）。これに相当する日常言語の表現はあるだろうか。A を「母親」としてみると，次のような表現になる。
　(i) 母親は母親でないから母親だ。
このような表現は日常の言語の意味世界では通常出会うことはないだろう。このような論理は，むしろ，日常の言語が作り出す意味世界のからくりを暴きだす働きをもつ論理と言える。「母親であるが母親でない」や「母親でないが母親である」のような言い方は，日常言語でも有標な言い方として存在することは，本文で述べた通りである。一方，即非の論理は，理由・原因を表す助詞「から」によって「母親でない」が「母親である」につながるので，非日常的な論理であると言える。即非の論理の世界は，上述のようなカテゴリー内部の差異化というプロセスによっては説明することは難しいと思われる。むしろ，カ

ここでカテゴリーの「名」と「実」のずれの問題を考えてみよう。一般的にいうと、「名」というものは、それをもつかもたないかのいずれかであり、少しもつとか50％もつとかの段階的あるいは確率的な状況は存在しない。したがって、「名」の世界は二元的世界であるといえる。「名」と表裏一体の関係にある「意味」の世界は、抽象的な意味特徴の束そのものと考えてもよいし、あるいは、その意味特徴の束をもつ成員であるとしてもよいが、いずれにせよ、その意味特徴の多寡に応じて、いつもの段階を有する世界であると考えられるので、多元的な世界であるといえる。上述した「母親」という例で考えてみると、「母親」という名に関しては、その名をもつかもたないかという二元的な状況しかないの

テゴリーそのものの有効性を疑問視し、括弧に入れる論理であり、カテゴリー成立の根拠や前提を問い直し、カテゴリー設定がもつ基本特徴とその限界を照らしだす論理であると思われる。西谷啓治 (1991a: 213) は、「AはAでないといふことは、AはBやCやその他のすべてのものを離れてはAとして成り立ちえない、といふことで、AがAだけとしてあるといふことになれば、それは間違ひである。さういふ意味だと思ひます。AはAであるといふことと、AはAでないといふこととは、実は一つのことを言つてゐるわけです」(漢字・かな表記は原文のまま) と述べている。この説明に則れば、「母親」という概念は、「母親」という概念のもつ固有内在の性質 (すなわち、仏教で言うところの「自性」) によって決まるわけではなく、他の概念との相依関係によってはじめて成立する概念であるということになる。母親でありながら、同時に、母親でないことが成立するとする即非の論理からカテゴリーをみると、カテゴリー成立に関してわれわれが暗黙に想定する意味観、つまり、その概念がそれ自体のもつ性質によって決まるという実体論的な意味観を打ち破る論理であることは間違いない。この「即非の論理」については、秋月龍珉 (1996) の第III章「即非の論理─鈴木禅学の秘密」に詳しい。なお、「否定」一般の働きとの関連で仏教における否定の論理を考察したものに拙稿 (2010) があるので参照いただきたい。

は明らかである。つまり,「母親」とよばれるか,よばれないか,それしかない。それに対して,母親がもつ意味特徴である「実」はいくつかの段階が想定できる。たとえば,「子どもを出産した」という特徴でも「母親」という名を与えることができるし,さらに,「子どもを育てる」という特徴をさらに付け加えることもできる。さらにまた,この特徴に「子どもに愛情をもつ」という特徴を加えることもできる。「子どもを産んだ」という特徴だけをもつ成員,あるいは,その特徴に「子どもを育てる」という特徴を加えもつ成員,さらに,「子どもに愛情をもつ」という特徴も併せもつ成員,というように,矛盾が生じなければ意味特徴を原理的にはいくらでも付け加えていくことができるのが意味の世界である,つまり,多元的な世界であると言える。このように,二元的世界である名前と多元的世界である意味が結合しているのがカテゴリーの世界である。

　用語上で注意したいことは,いまここで語の「意味」とよんでいるものは,その語が指し示す具体的世界の指示対象 (referent) とは区別されるものであるということである。ここでの「意味」という用語は,「名前」と恣意的かつ慣習的に結びついてカテゴリーを形成している心理的・概念的なものであり,上述したように,意味特徴の束と考えてもいいし,その意味特徴の束をもつ成員としてもよい。「指示対象」というのは,この「名前」と「意味」の心理的な結合単位である語によって指し示される具体的な世界の対象物のことをいう。一般的にいうと,意味特徴の数が増える

と，それが限定的な意味をもつものであれば，その特徴をもつ指示対象の数は減っていくという反比例の関係にある。[3] たとえば，上記の「母親」の特徴は，さらに付け加えていくと，その意味をもつ「母親」の指し示す対象は減っていく。上記の三つの特徴に，さらに，「育児に専念する」という特徴を仮に加えると，三つの特徴をもつ母親よりも，この四つの特徴をもつ母親の対象となる人物の数は減少することは明らかである。

　原理的にいえば，このような意味特徴が加わっていくと，その意味特徴の束が表す母親などこの世の中には存在しないという事態すら想定される。逆に言えば，意味特徴が減っていくことにより，「母親」という名前でよぶことができる対象者の数は多くなる。上記の四つの特徴からその特徴を減らしていくと，指示対象となる母親の数は増えていく。そういう意味では，ここで言うカテゴリーの意味特徴の世界というのは，現実の指示対象とは区別される恣意的な (arbitrary) 心理的構築物であるという点に注意する必要がある。このようなカテゴリーの多元的意味世界で，「実」と私たちがよんでいるのは，そのカテゴリーらしさを示すような典型的な意味特徴あるいはその特徴をもつ成員のことを指している。「母親」の「実」とは何かという問題は，「母親らしさ」

---

[3] 修飾語によっては，指示対象の減少につながらないケースもある。たとえば，上記の「母親」の諸特徴に「女性である」という特徴を加えても，それによる指示対象の絞込みは行われない。本文で述べているのは，その特徴が加わることによって指示対象の領域がさらに限定されて絞り込みが行われるような場合のことを述べている。

の特徴をどのように設定しているかによって，その内容は変動する。それは，時代によっても「母親らしさ」の設定は異なるし，また，同じ時代・同じ言語文化のなかでも，個人によって違いが生れてくる世界である。[4]

もう一つここで注意したいことは，「本質」という用語と本章でいう「実」との混同を避けたいという点である。名実の意味論において，「実」という意味の領域は，その名に帰属する全成員に共通する意味特徴の束ではない。「実」の意味特徴の設定には，ステレオタイプ化，理想化，価値評価などのプロセスが働いて絞り込まれる成員（の意味特徴）であると考えられるが，一方，意味論で「本質」あるいは「本質条件」(essential conditions) と通常よばれているものは，定義上，あらゆる成員に共通な意味特徴の束，いわば，そのものをそのものたらしめている「必要十分条件」(necessary and sufficient conditions) のことであり，「一定の事物またはその概念にとって必要欠くべからざる属性の総体である」(『広辞苑』)である。たとえば，日本語の「正方形」という語の本質条件ないしは必要十分条件を考えてみると，「1. 四角形 2. 四辺の長さが等しい 3. 内角がすべて直角である」の三つの条件の束である。この三つの条件がすべて満たされれば，それは

---

[4] 日本語の「らしい」という語には，「典型」という意味（たとえば，「雨らしい雨が最近降っていない」）と「推定」という意味（たとえば，「明日は雨らしい」）があるが，それに関する分析案については，本書の2.2節，また，拙稿（2002, 2003）を参照されたい。

正方形であって，それ以外のものはすべて排除される。条件が一つでも欠けると正方形にはならない。たとえば，3の条件が欠けると，正方形とひし形の区別ができなくなるし，また，2の条件が欠けると，正方形と長方形の区別ができなくなる。このように，正方形なら正方形だけを指すことができる意味特徴を本質条件とか必要十分条件とよんでいる。

上記のように，「母親」という語の「本質（条件）」と「実」の内容は通常異なっている。「実」は，「母親らしい母親」という成員が所属する意味領域であって，母親らしくない母親がそこからは除外されている内部領域である。「彼女は母親ではない」という文においては，「母親の本質」をもっていないという解釈がなされる可能性が極めて高いと思われるが，この文は，「母親」には違いないが，母親らしい母親（「母親」の「+実」の領域に属している母親）でない，つまり，彼女には「母親の実」がないという意味でも使うことができる文である。一般的には，実＝本質という誤解のパタンが広く見られるように思われるが，そのままでは「彼女は母親ではない」の二義性が説明できなくなってしまうので，この誤解を回避することは不可欠である。

しかし，通常は，暗黙裡に，カテゴリーAは，Aという名前をもつかもたないかという，名前が本来もっている二分法的性格をもつと理解されており，本来は多元的世界である意味の世界も，名前の二分法に引きずられて，同様に二分化される性質をもつかのような印象を与えることが実状であるように思われる。つま

り，カテゴリーの名前の側だけでなく，意味の側も，均質的な意味をもつ一様な内部と，その意味をまったくもたない外部とに二分されているように感じてしまう。上記の (27) の表記によると，カテゴリーの意味の世界は，(27a)［＋名，＋実］と (27d)［－名，－実］だけの領域とされ，(27b)［＋名，－実］と (27c)［－名，＋実］の領域は看過されがちである。

このように，カテゴリーの外部境界線は名前の有無による二分割に即して引かれ，いわば見える境界線として意味も明確な二分割がなされているかのように思い込みがちである。しかし，意味の境界は，その対立項の意味とは連続性をなし，それぞれの意味領域にそれぞれが侵入していると考えるが事実に即しているように思われる（境界線領域の対立カテゴリー同士の相互の意味侵入について，2.6 節，拙稿 (2003: 172-182) を参照されたい）。名前の二分法に基づく外部境界線に対して，意味特徴の多寡に応じて引かれる内部境界線は，同一の名前をもったままなので，その存在は気づきにくい境界線であるということができる。

上述のような，名前のもつ二元的世界と内実（意味）のもつ多元的世界のギャップが生み出すと予想される重要な特徴の一つは，人によって，内実の世界の意味特徴の種類や数が異なることがあっても，その名前を共有することによって同じ意味内容をもっていると錯覚を起こす可能性があるということである。たとえば，同じ「母親」という語（＝名前）を使いながら，「母親」であることを規定している意味内容がそれぞれ人によって違ってい

る可能性があるが，それが，同一の名前によって隠蔽される。つまり，同じ名前がついているかぎりは，同じ意味内容を表しているという暗黙の了解が前提となっていると言うことができる。もし仮に名前と意味内容が必然的な関係になっているならば，このような人による意味の差異というのは起こらないはずである。しかし，言語のもつ「恣意性」(arbitrariness) という一般的な特徴からして，名前と意味は恣意的なつながりをもっているので，異なる言語間で恣意的な違いが生れることはソシュール以来，言語学の常識であるとされている。ただし，その場合でも，同じ言語を使用する個人間での意味付与の恣意性までは通常言及されない。言語学的意味論においては，言語によって，意味するもの（ソシュールの言うシニフィアン）と意味されるもの（シニフィエ）のつながりが恣意的であるというところまでの言及で終わるのが通常である。本章では，さらに，同一言語を使用する人間の間での意味付与のずれ，すなわち，同じ「母親」という語を使用する話し手の間でも，内実の意味付与の中身は異なっている可能性があることを指摘しているのである。「母親らしい母親」を差異化して取り出す内部境界線は，同一言語内の時代差や個人差などにより影響を蒙りながら引かれるが，その恣意的な違いは見えにくい境界線であるといえる。[5]

---

[5] ソシュールの記号分析に，シニフィエとシニフィアンの不可分離性という考え方があるが，ここの本文での議論は，それについての問題提起になる。丸山圭三郎氏は，次のように述べている。

次に、これまでのカテゴリーの差異化と内部構造に関する議論をふまえて、カテゴリー内における成員資格の格差の問題をもう少し深めてみたい。

> 「ここでソシュールがいっているのは、コトバと観念、表現と内容というものの同時発生、不分離性であり、言語記号が生まれる以前に既存の純粋観念などというものはない、ということです。換言すれば、内容を存在せしめるのは表現である。あるいは表現と同時に内容というものが生れる。シニフィエ、シニフィアンの一体性、不可分離性ということでもあります。」　　　　　　　　　　　　　　　　　　　　（丸山（1983：40））

シニフィエとシニフィアンが一体であるならば、母親の「名」と「意味」のずれは生じないはずである。一個人のラングにおいて、シニフィアンの「母親」に［＋名, ＋実］と［＋名, −実］という二つのシニフィエが対応するが、この状況は、「母親」の多義性、つまり、「母親らしい母親」がもつ意味内容と「母親らしくない母親」がもつ意味内容は多義構造を形成していると見なすべきであろうか。「母親とは名ばかりの母親」も「母親」というような名前をもつわけであるから、当然、母親を定義するような意味をもつはずである。そして、「母親らしい母親」は、母親の定義の意味内容をもちながら、さらに、それに加えて「典型的な」（あるいは「平均的な」、「理想的な」）母親がもつ特徴を併せもつと考えられる。価値評価を超えたすべての母親がもつ特徴を「定義的」(definitional) な特徴（properties）とよぶとすれば、すべての母親がもつわけではない、一部の「母親らしい母親」がもつと一般に考えられる特徴は、「典型的な」(characteristic) あるいは「百科事典的な」(encyclopedic) 特徴とよんで区別されることがある。したがって、「名ばかりの母親」という場合の「名」は、シニフィアンだけを指すわけではなく、シニフィアンとシニフィエの結合体であると考えることができるが、問題は、カテゴリーの成員内部の価値的な資格にかかわる典型的（あるいは百科事典的な）意味内容は、シニフィエの構成内容と考えていいのかどうかという点である。この問題は、私たち日本語話者が「母親」という語の意味として、「定義的特徴」と「典型的（百科事典的）特徴」のいずれを、あるいは、双方ともを「意味」と想定しているのかどうかという興味深い問題とも関わってくる。「名ばかりの〜」の「名」が、「実質を伴わないただの名目」（『広辞苑』）、「形ばかりの〜」の「形」が「中身や働きに対して、外形。形式」（『広辞苑』）の意味をもち、「形式」と「名」が「実質」と対立関係を示して使われていること、また、「名実ともに充実した」という慣

(28) a. 彼女は母親は母親だが,母親らしいことはやっていない。

b. 彼女は母親は母親だが,ただの母親ではない／医者でもある。

(28a) は,すでに取り上げた同語反復の例であるが,「母親」を繰り返すことにより,そのカテゴリーの内部構造に注意を向けさせる働きがあることはすでに見てきた通りであるが,後続する表現(「母親らしいことはやっていない」) により,母親とは名ばかりの領域 ([＋名,－実]) が言及されている。(28b) も同じように同語反復で始まり,カテゴリーの内部構造への注目が要請されるが,後続の「ただの母親ではない」や「医者でもある」が加わることにより,単なる母親でないことが意味される。このように,「母親」というカテゴリーの成員にはさまざまな段階が設定できることがわかる。(28a) のように,母親の典型的特徴が欠落した成員 (母親失格と判断されるグループ) と,(28b) のように,母親の特徴に,さらに別の特徴が加わるグループもある。(28a) を下降ベクトル,(28b) は上昇ベクトルをもつと,便宜上,それぞれよんでおきたいが,同じカテゴリー内の成員でも,このように意

用的な表現では,「名」と「実」の一体化という状況を想定する思考法があることを考えてみると,日本語においては,「実」を「意味」とする一つの意味観があるということはまず間違いないだろう。しかし,「名ばかりの～」の「名」が別のどのような「意味」をもつものと日本語話者がみなしているかという問題はさらに考察を加える必要がある。

味特徴の欠落や付加などによって成員資格の格差が生じることがわかる。上記の (26c) の「彼女は母親は母親である」は，下降か上昇のベクトルをもつかであいまいであり，どのベクトルをとるかは，(28a, b) が示しているように，コンテクストによると思われる。

次に，「単なる〜ではない」という表現形式とカテゴリーの内部構造の関係を見ておきたい。

(29) 人間は動物は動物だが，単なる動物ではない。

このような表現の意味を理解するときに，「動物」というカテゴリーの中で「人間」はどのような位置付けがなされているのかを考えなくてはならない。ここでは，「人間」は，典型的動物として，「動物」というカテゴリーの中心に位置しているようにも思われないし，また，周縁部分に位置付けられているとも思われない。むしろ，「動物」というカテゴリーを越え出るような位置にあるように感じられるので，これまでのカテゴリー内部の差異化構造モデルではうまく捉えられない。動物であることを含みながら，同時に人間だけに見られる特徴をもった新しいカテゴリーに飛躍するという感じがする。たとえば，言語を操るという特徴をもつ動物はほかにいないとき，単なる動物ではない，一つランクが違うカテゴリーを形成すると言えないだろうか。上下関係あるいは包摂関係 (hyponymy) という意味関係でいうと，「人間」は「(広義の) 動物」の下位語 (hyponym) であると同時に，「(狭義の) 動

物」と同位概念として対立していると思われる。「彼女は母親は母親だが,単なる(＝ただの)母親ではない」を比べてみると,この場合も,「〜はAはAだが,単なるAでない」という形式をもち,(29)の形式と似ているように思われるが,「彼女は母親の下位語であると同時に,母親と対立する語である」という言い方は不自然である。これは,上記の表現形式の「〜」の部分に入る語の性格の違いによると思われる。(29)の場合には,「人間」というカテゴリーが入っているのに対して,「彼女」はカテゴリーではないので,カテゴリー間の上下関係や対立関係が適応できないからであると思われる。

「単なる〜」は,カテゴリーの内部構造に関するコメントをするときに使用する表現であろうが,「人間は単なる動物ではない」「人間は動物は動物だが,単なる動物とは異なって言語を使う」のような表現においては,「人間」は「動物」というカテゴリーの成員であることは認めながら,「他の動物」とは袂を分かつ特徴をもつことを述べている。従来の議論では,「典型的な動物」と「非典型的［＝周縁的］な動物」という二分法が設定されたが,ここで,「人間」という動物はどのように位置づけられたらよいのであろうか。また,「単なる動物」や「ただの動物」とよぶ成員はどこに属すのであろうか。「人間は(ただの)動物でない」という言い方もなされることからして,「人間」は「単なる(ただの)動物」とは異なる領域に所属しているという了解がなされているにちがいない。上下関係からすると,「人間」は「動物」に包含される下位

概念と理解される場合と,同位概念として「動物」と対立する場合があることに注意する必要がある。これは次のような一見矛盾している表現に観察される。

(30) 人間だって所詮動物だ。
(31) 人間は動物ではないのだから,理性的に振る舞えるはずだ。
(32) 人間は動物は動物だが,本能の破綻した動物である。

「人間は動物であって動物でない」という言い方に集約される性質が「人間」というカテゴリーにはあることがわかる。この言い方は,「彼女は母親であって母親でない」という言い方と形式的には同じ「～はAであってAでない」という構造をもつが,その違いは何か。「母親であって母親でない」の(一つの)解釈は,典型的な母親の特徴をもたない「名ばかりの母親」であるが,これをそのままあてはめて,人間は「名ばかりの」動物という認識は不適切に感じられるのはなぜか。

　大きな違いと思われるのは,「母親」の場合には,彼女なる女性が母親の典型特徴を欠くと言えるのに対して,「動物」と「人間」の場合には,人間が「(単なる)動物」がもつ特徴に加えて,さらに,新しい(ほかの動物にない)特徴である「理性をもつ」,「言語能力をもつ」,などの特徴が付加されるという点である。「典型的」特徴の欠如あるいは不足がもたらす非典型性と,「典型的特徴」に新特徴が加わることによる場合の非典型性では大きな開き

が生まれると考えたほうがいいように思う。「母親」の場合にも，特徴の付加は可能である。たとえば，「彼女はただの（単なる）母親ではない」といえば，「母親」の典型的な特徴をもちながら，さらに，ほかの母親には通例見られないような特徴をもつと理解される。たとえば，「政治家でもある」，などの異例の特徴をもつときにこの種の表現がなされる。しかし，この場合にも，「母親」のカテゴリーから外れるわけではない。しかし，「人間」と「動物」の場合には，さらにあるプロセスが働いているように思える。つまり，それは「人間」が「動物」を対立概念とするという結果を導き出すプロセスといえる。「人間」が「動物」というカテゴリーにおける内在から外在的な対立へと変化するプロセスがここにはある。この動物という概念はカテゴリー化の特徴を考察する上で大変興味深い問題を提供してくれる。

「動物」というカテゴリーは，それが対立する（以下で，⇔と表記する）ものによって，以下のような三つの段階的な意味の違いをもつ。[6]

(33) 「動物」（以下「動物$_1$」）⇔「植物」
　　　（「動物$_1$」=「生物」マイナス「植物」）
　　「動物」（以下「動物$_2$」）⇔「人間」
　　　（「動物$_2$」=「「動物$_1$」マイナス「人間」」）

---

[6] 『広辞苑』によると，「動物」の見出しに「①一般には，植物と対置される，運動と感覚の機能を持つ生物群をいう。分類学的には動物界をいう。②人以外の動物，特に哺乳類あるいは獣類（けもの）の称。」とある。

「動物」(以下「動物₃」) ⇔ 「けもの以外の (人間以外の) 動物」

(「動物₃」＝「動物₂」マイナス「けもの以外の動物₂」)

「動物」に焦点をあててカテゴリーの相互の対立関係を見てみると，「生物」というカテゴリーの内部において，「植物」の対立概念として「動物₁」というカテゴリーが成立している。しかし，この「動物₁」は，上位概念の「生物」という特徴は継承する。次に，この「動物₁」から「人間」が対立項として抜け出て，「動物₂」が残る。このレベルで対立項として外に出た「人間」は「動物₁」の特徴は継承している。したがって，「人間は動物である」という命題が成り立つ。次の下位レベルにおいて，「動物₂」から鳥類や爬虫類などが抜け出て，哺乳類あるいはけものが成員である「動物₃」というカテゴリーが残る。このレベルの動物の概念において，「人間は（単なる）動物ではない」という命題が成立する。このように，同じ「動物」という名をもちながら，その対立項が変わり，その内実の意味内容およびその特徴をもつ成員を変えていくという現象は大変に興味深い。しかし，「母親」というカテゴリーには，「動物」の場合のような上下関係（あるいは包摂関係）をからめた対立関係の多層性はないと思われる。したがって，否定の働き方が，「母親」の場合と，「動物」の場合とでは異なっていることがわかる。

　もう一度，(34) の例を考え直してみよう。

(34) a. 人間は動物であって動物でない。

　　b. 彼女は母親であって母親でない。

(34a, b) は，表面的には，「〜は A であって A でない」という形式をもっているという点では同じであるが，「動物」の場合には，同一名称であるのにもかかわらず，(33) にあげた上下関係の三つのレベルで対立関係をもつという点で，「動物」は三つの異なるカテゴリーを表している。(34a) においては，「人間は動物である」という肯定表現に現れる「動物」は，(33) の「動物$_1$」であり，「人間は動物でない」という否定表現に現れる「動物」は，「動物$_3$」や「動物$_2$」を表している。このような意味状況において (34a) のような文が成立しているといえる。

　一方，(34b) に現れる「母親」というカテゴリーは一つであり，「動物」の場合のように，上下関係で対立しあうような複数のカテゴリーを下付きの数字をつけて区別する必要はない。(34b) の否定は，同一カテゴリーでの内部対立に関与する。つまり，「母親らしい母親」（[＋名][＋実]）と「母親とは名ばかりの母親」（[＋名][－実]）の内部対立に焦点をあてる文である。「彼女は母親である」という肯定内容は，「母親」という名前をもつ（つまり，[＋名]）であることを意味し，「彼女は母親でない」という否定内容は，「母親」の典型的な意味特徴をもたない（つまり，[－実]）ことを意味している。したがって，(34a, b) ともに否定が使用されているが，対立の次元を異にしていると言うことができる。

「彼女は母親でない」という否定はあいまい性をもつ。一つは，カテゴリーの外部境界線での対立に関わる否定で，母親の［－名，－実］であること，つまり，母親という名前も内実ももたないことを示す否定である。もう一つは，カテゴリーの内部境界線，つまり，母親らしい母親とそうでない母親を区分する内部対立に関わり，［＋名，＋実］であることを否定し，［＋名，－実］の領域の母親であることを意味する否定である。それに対して，(34a)の「動物」に関する否定では，カテゴリー間の上下関係に関与して，あるレベルのカテゴリーに属することを否定して，別のレベルのカテゴリーの成員であることを示す否定である。「単なる動物ではない動物である人」は，「動物 $_3$」や「動物 $_2$」ではなく，それとは対立関係にある別のレベルの「動物 $_1$」に属することが意味されていると言える。

　しかし，「単なる母親ではない」女性は，別のレベルの違う「母親」カテゴリーを形成するわけではなく，同一レベルの「母親」の成員であることは変わらず，単なる（平均的なあるいは典型的な）ただの母親とは違う意味特徴をもつ母親であるということを意味しているだけである。その意味で「単なる母親ではない」における否定は同一カテゴリー内の否定であるが，(34b) の「母親であって母親でない」の否定が導く「母親とは名ばかりの母親」（［＋名，－実］）の領域を意味しているわけでないことにも注意したい。「単なる母親ではない」女性が属する領域は，名実ともにそろった母親である［＋名］［＋実］の意味特徴をもちながら，さら

に異例の特徴をもつ母親であってもちろんかまわない。この場合には,「母親とは名ばかりの母親」の場合のような,［＋実］の意味特徴の欠如ではなく,新たな意味特徴の追加による異例な母親だといえる。しかし,「単なる動物ではない」人間が,別のレベルのカテゴリーである動物（「動物₁」）に属するように,別のレベルの「母親」があってそれに属するわけではない点に違いがある。[7]

以上のように,「AはAだが,…」という同語反復の現象からカテゴリーの組成の特徴が少しずつ明るみに出されてくるように

---

[7]「人間」というカテゴリーは「動物」と対立しながら同時に「動物」に包摂されるという,一見奇妙な状況——これを動物（動物,人間）と表記する——は,もっと一般的な状況と考えられることを示すような例がほかにもある。たとえば,youngとoldの対立を考えてみよう。oldには, 'How old is he?'（彼は何歳か）や 'He is two [eighty] years old'（彼は2［80］歳だ）, 'He is not old enough to go to school'（彼はまだ学校に行く年齢ではない）のように,全年齢に言及できるような意味をもつと同時に, 'He is very old'（彼は非常に高齢だ）のように,「年をとった」の意味ももつ。一方,youngには全年齢をカバーできるような意味はなく, 'How young is he?'という問いは,若いことが前提されて,どのくらい若いかが問われている疑問文である。したがって,youngは,「年をとった」の意味のoldと対立しながら,全年齢を表すoldに包含されるという関係にある。oldが示す年齢範囲にはyoungは包含されるので,oldはyoungと対立しながら,youngも含み,年齢全域に関する表現に用いられる。この状況は,「動物」は「人間」と対立しながら「人間」を成員として包摂している状況に平行していることがわかる。つまり, old (old, young) のように書き表すことができる意味状況にある。このような状況は, deep (deep, shallow), long (long, short) などにも同様に見られる状況である（How long [deep] is it? で長さ［深さ］が問われる）。日本語でも,「長い」—「短い」の対立を「長さ」が統一し,「深い」—「浅い」の対立を「深さ」が統一できる現象と平行している。このようなことから判断して,対立しながら包摂するという意味状況はそれほど例外的な現象ではないことがわかる。

思われる。これまでは、「母親」や「動物」のような名詞の表す「もの」のカテゴリーの世界であったが、次のように、動詞句（ひいては文全体）が表す「出来事」にも類似の現象が見てとれる。

(35) a. 仙台に行くことは行ったが、七夕は見なかった。
　　 b. 仙台に行くことは行ったが、ただ行ったのではなく、被災地の現状を視察した。

「行くことは行った」は、「行く」の繰り返しで、語用論でいう協調の原理（cooperative principle）の「量の公理」(maxim of quantity) に一見反し、情報量がゼロであるように見えるが、大局的には、協調の原理を守っているので、有意味となる。それは、おそらく、すでに見た名詞の場合と同じように、動詞「行く」という行為のカテゴリー内部の差異化をして、「行く」の意味の下位集合をつくり、中心的な下位集合ではなく、周縁的あるいは異例な下位集合に属する「行く」の出来事に焦点をあてているように思われる。

　しかし、この「行く」の差異化はどのように行われるのであろうか。おそらく、「行く」という行為に近い関係にある関連事項により、「行く」にもさまざまな段階があることが意識化されると言っていいだろう。この近い関係にあるものを関連付ける認知メカニズムの一つであるメトニミー（metonymy）は、一般に、近接関係（contiguity）という関係を基盤に形成されると考えられているが、この「行く」という出来事の場合には、たとえば、何の

目的があったのか,誰といっしょに行ったか,所定の日時に目的地に着いたか,などが,「行く」に伴うメトニミー的な意味の充実度の段階を構成する要因であると思われる。言い換えれば,動詞「行く」が同一文中で共起する連辞的（syntagmatic）表現による意味の充実度に基づく差異化であると言っていいだろう。(35a)では,ただ「仙台に行く」だけでなく,一定の目的（たとえば,「七夕を見る」）という内容が加わることによって,「行く」の意味の充実がなされると思われるが,その内部構造に着目させるのが,「行くことは行ったが…」という同語反復である。夏の仙台では有名な七夕祭りを見に行くのがその時期の仙台行きの典型的な目的であるという常識的な知識があるなかで,その代表的な目的が欠如している仙台行きであったことが意味されている。つまり,仙台行きの典型的な目的の欠如している周縁的な仙台行きであることが意味されている。これは,母親の例で言えば,「母親は母親であるが,母親らしいことはしていない」の例のように,母親の典型的な特徴が欠如している例と並行している例である。

　一方,(35b)では,ただ「仙台に行った」のではなく,さらに,別の意味特徴が加わる意味の充実のベクトルを形成している。たとえば,「仙台行きと同時に,東日本大震災の被災地の現場まで足を延ばし,震災の爪痕をしっかりと記憶にとどめた」というような状況で発せられる例である。これは,「母親」の例で言えば,「母親は母親だが,医者でもある」というような例と同じ差異化の性質をもつ意味の充実がある場合に発せられると考えられる。

「行くことは行ったが」という例を分析する場合には,「〜へ ... をしに行く」というような出来事のシナリオの意味が充足されている場合が,「行く」の［＋名, ＋実］の意味領域とすると,「行くには行ったが, 七夕は見なかった」のような文では,「行く」という行為の典型的な「目的」にあたる構成特徴（「〜をしに」）が欠落している行為が言及されている。したがって, (35a) では, 同語反復によって,「行く」という行為に, 一つのカテゴリーの差異化された内部構造が生まれ, その［＋名, －実］の領域にその出来事が位置づけられることが意味されていると言うことができるだろう。

2.5. 〈身分け構造〉・〈言分け構造〉・〈選り分け構造〉

以上の議論をふまえて, 本章で扱っている「価値評価」というものと, ソシュールの「価値」の概念を比較してみたい。ソシュール研究の第一人者である丸山圭三郎氏は,〈身分け構造〉と〈言分け構造〉を区別して次のように言っている。

> 「人間が動物と共有する, シンボル操作以前の感覚＝運動的分節によって生れる第一のゲシュタルトを, 市川浩氏の用語を借りて〈身分け構造〉と呼ぶことにする。これはポジティヴな世界ではあっても, 自然のなかに即自的に存在する物理的構造ではなく, 動物一般がもつ生の機能による, 種特有の

カテゴリー化であり，身の出現と共に地と図の意味的分化を呈する世界である。

　これはすでに多くの人が指摘しているように，動物の知覚が決してアトミズム的感覚の寄せ集めではないこと，そしてゲシュタルトそのものは事物の即自的 en soi な性質として自然のなかにあるのではなく，動物自身によって構成されるという意味にほかならない。」

(丸山 (1983: 250)，傍点は原著者)

「過去も未来も，コトバの産物であり，ヒトはコトバによって「今，ここ」ici et maintenant という時・空の限界からのがれ，ポジティヴな世界をゲシュタルト化する身分けに加えて，ネガティヴな差異を用いて関係を作り出す非在の世界を言分ける。この第二のゲシュタルトを〈言分け構造〉と呼び，その構造を生み出す構造化能力がランガージュであるとすれば，この過剰としての文化の惰性態こそ，ラングにほかならないことを明確にしておきたい。」

(丸山 (1983: 255)，傍点は原著者)

〈身分け構造〉が，ヒトならヒトという種によるカテゴリー化で，自然そのものではなく，種の感覚＝運動分節によって生れるゲシュタルト (Gestalt: ドイツ語で「形態・姿などの意」) であるのに対して，〈言分け構造〉は，ネガティヴな差異を用いて関係を作り出すシンボル化の作用によって構成される世界である。いずれの

構造も分節化によってなされるものであるが,〈身分け構造〉は,コトバ以前による,種による自然な分節行為であるのに対して,〈言分け構造〉は,言語の習得による非自然的な(=恣意的な)分節行為によって生れる構造である。この第二のゲシュタルトを産み出すランガージュは,その結果,恣意的な価値体系であるラングとなる。

　この「恣意性」(arbitrariness)には,2種類のものがあると考えられている。丸山氏(同書:233-234)によると,第一の恣意性は,シーニュ(記号＝英語のsign)内部のシニフィアン(記号表現＝英語 signifier)とシニフィエ(記号内容＝英語 signified)の関係に見いだされるもので,シーニュの担っている概念xとそれを表現する音のイメージとの間には,いささかも自然的かつ論理的絆がないことをいう。英語のdogという記号(＝語)を例にすると,その記号内容(すなわち,〈犬〉という概念)とそれを表現する音[dɔg]のイメージとのつながりは,なんら自然的ではないし因果的でもなく,ただ慣習的に決まっているだけである。犬という概念を表すのに,日本語のように,[inu]という音声でもまったく構わない。このような非自然的で非必然的な関係を恣意的であるという。

　第二の恣意性は,一言語体系内のシーニュ同士の横の関係に見いだされるもので,個々の辞項のもつ価値が,その体系内に共存する他の辞項との対立関係からのみ相対的に決定されるという恣意性のことを指している。したがって,ラングの中の辞項は,非

自然的(歴史・社会的)なもので，言語外現実の中に潜在する価値が反映しているのでもなければ，種のゲシュタルトに支配されているのでもなく，むしろラング内の恣意的価値が，言語外現実に反映してこれを秩序付け，種のゲシュタルトを抑圧してこれを破壊していると説明されている。以上の説明によれば，ヒトが関わる分節行為には，自然的なものと非自然的なものがあり，それぞれがゲシュタルトを形成しているということになる。日本語というラング内の辞項，たとえば，「母親」なら「母親」，「場所」なら「場所」は，日本語という言語体系内に共存する他の辞項との対立関係からのみ，その「価値」が決定されるということになる。つまり，「母親」という語の「価値」とは，それと対立する語(たとえば，「父親」，「子供」など)を否定することを通して相対的にのみ決まるということになる。それが，上記の引用にある「ネガティヴな差異を用いて関係を作り出す非在の世界を言分ける」構造，〈言分け構造〉であるということになる。

このように，言語内の辞項の本質は，他の辞項との対立関係にのみ基づく非自然的で非実体的な価値であるわけであるが，本章で議論してきた「価値評価」とはどのような違いがあるのであろうか。これは，たとえば，「母親らしい母親」という場合の「らしさ」，また，「ピクニックにふさわしい場所」という場合の「ふさわしさ」といった価値評価は，言語記号がもつ恣意的価値と同種類のものであろうかという問題である。言語記号すなわち辞項がもつ価値は，上の引用で見たように，言語外現実の中に潜在する

価値が反映しているのでもなければ，ヒトという種のゲシュタルトに支配されているのでもないとされ，辞項の価値が恣意的な分節による対立関係のみにもとづくのであるとすれば，同じ言語体系内の他の辞項との間に引かれる境界線は，本章でいう「外部境界線」であり，それは分節によって恣意的に引かれる境界線であると言い換えることができるであろう。一方，本章で提案している「内部境界線」は，他の異なる辞項との間に引かれるのではなく，同一辞項の表すカテゴリーの内部に引かれ，その内部での対立を生み出している。たとえば，「母親」内部を「母親らしい母親」と「母親らしくない母親」に恣意的に分節する。

　しかし，この内部の分節によって二分されたものは，ソシュールの言う「価値」ではなく，二分された一方（「母親らしい母親」（の成員））にプラスの価値評価が付与され，それと同時に，もう一方（「母親らしくない母親」（の成員））にマイナスの評価が与えられる。このカテゴリー内部の分節が，2種類の「母親」の対立を生み出し，その分節が恣意的であることを考えると，この両特徴，つまり，対立性と恣意性は，ソシュールのいう言語記号の価値と類似した特徴と言えるが，同一カテゴリー内部の対立を生み出す「価値評価」は，安易にソシュール記号論にある「価値」という考え方と同一視してはならないと思われる。本章で議論している「価値評価」は，ソシュールの言う記号の価値をすでに与えられている対立項（たとえば，「母親」という辞項）の内部のある領域の成員にプラス評価が，それと内部対立する別な領域の成員

にマイナス評価がさらに付与されるという点が大きく違う。したがって，同一の記号表現である「母親」が，二つの異なる記号内容（「母親らしい母親」と「母親らしくない母親」）に分節される事象は，ソシュールのいう恣意的分節そのものが生み出す対立辞項の関係的価値とは区別される別の価値評価であると考えたほうがよいように思われる。

　「母親」の中で内部対立を引き起こしている「母親らしい母親」と「母親らしくない母親」は，それぞれ，「良い母親」と「悪い母親」のように言い換えてもほぼ類似した意味対立が表現できることを考え合わせると，「らしさ」という評価は，この「良い」「悪い」の違いにもからんでくる価値評価であると思われる。しかし，ここでまず注意すべき重要な点は，この「良い母親」の「良い」の意味は，「善良な母」の「善良な」という意味ではなく，「母親」という名前にふさわしい「母親の良い例［見本］」のような意味であって，カテゴリーの成員資格としての適格性に関する「良い」「悪い」の価値判断を表しているということである。このようにカテゴリーの成員資格の価値判断がなされるときには，本来，「真理条件」ではなく，「適切性」といった条件が適用されて，当該カテゴリーの成員として，「良い例」か「悪い例」か，という価値評価の段階が生まれると考えられる。

　この「良い」「悪い」は，現実の事物を対象として言語が表す「善悪」ではなく，メタ言語的なレベルでの適切性の判断に関わる用法である。ここでメタ言語（metalanguage）というのは，現実

の事物をその対象として用いられる言語を対象言語 (object language) とよぶのに対して、言語化された表現形式そのもの、また、カテゴリー化された概念の成員資格を対象として用いられる言語のことを言う。その意味で、現実の事物ではなく言語を対象とする言語であるので、メタ言語とよばれる。たとえば、「彼こそ悪人の良い例だ」のような例を見ると分かりやすいが、「悪人」の「悪」は、現実の人物の性格に関する対象言語としての表現であるのに対して、「良い例」の「良い」は、もちろん、「善良な」という意味ではなく、メタ言語に属する意味をもち、カテゴリー「悪人」の成員としての適格性が高い例であること、すなわち、「悪人の典型」であることを述べるときに使われる。この適格性の有無あるいは段階を判断するときにも肯定・否定のメカニズムが適用されるが、この否定・肯定は、対象言語に属するものではなく、メタ言語内の働きによって成員として適格かどうかに関する判断である。それに対して、「良い人」「悪い人」などの「良い」「悪い」は対象言語の使用例である。[8]

　ここで面白い問題が浮かび上がってくる。カテゴリーの成員資格について述べる語句は、すべてメタ言語であるといっていいかどうかという問題である。つまり、対象言語での真理値、つまり真 (true) か偽 (false) か、には関わりをもたないといっていいか

---

[8] 「否定」は対象言語的な否定、つまり真か偽かに関与する否定と、メタ言語的な否定、つまり、言語表現を対象にしてその使用の適格性に関わる否定に大別される。この区別については、拙稿 (2000a, 2010) を参照されたい。

どうか,という問題である。カテゴリーの成員間の「優劣」や「中心・周縁」といった区別,あるいは,「理想」「典型」といった概念はメタ言語的であろうか。proper, actual, real, ideal などの語の意味に関連する「本来性」「現実性」「真実性」「理想性」などの概念は,対象言語的かメタ言語的なのか,という問題は大きな問題であるように思われる。また,これまで議論してきた男らしさ,女らしさなどの「らしさ」という概念は,現実世界を指向する対象言語で真か偽かが論点になる概念なのか,それともカテゴリーの成員としての適切性を扱うメタ言語なのか,に関する判断はきわめて重要な結果をもたらす。もし「らしさ」が現実世界に関わる真理条件をもつとすると,その対象物そのものがもつ特性に基づいてその「らしさ」が判定されることになる。換言すれば,ものそのものに「らしさ」を決める客観的な要因が内在するという立場に立つことを意味する。それに対して,「らしさ」がカテゴリーの成員資格に関する主観的な価値評価の付与であるとするならば,人間の主観的な「恣意性」という要因がその判定の基準になる。「らしさ」の意味基準が対象言語的かメタ言語的なものか,あるいは,その混在があるのか,もっと端的に言えば,本来はメタ言語的な適切性の条件であるべきものが,対象言語の真理条件にすり替えられてしまうことがないか,という問題に整理することができるが,これに関する最終的結論は残念ながら現段階ではまだ提出できないが,ソシュール的な意味での言語記号の価値とは区別して,その価値評価のからくりを探る必要があることは間

違いない。

　以上の違いを前提にして、丸山氏の言う〈身分け構造〉、〈言分け構造〉とは区別して、価値評価による分節構造は、〈選り分け構造〉とよんでおきたい。一般的に言えば、恣意的分節行為のネガティヴな差異化によって決定される〈言分け構造〉内の辞項の意味内容を共有するものを成員としてカテゴリーが成立すると思われるが、このカテゴリーの成員を凝集させるのは相互の類似性（similarity）である。もちろんこの類似的特徴はポジティヴなものではなく、本来は他のカテゴリーとのネガティヴな差異化を前提とした上での成員間の類似性であることはいうまでもない。新たにここで設定した〈選り分け構造〉は、この類似性で凝集されたカテゴリー成員の間でさらに価値評価による差異化がなされて、プラス評価のグループとマイナス評価のグループとの非連続化が成立した構造である。その結果、同一カテゴリーの内部に非均質的な差異化構造が生み出される。

　〈言分け構造〉における言語記号による非連続化の場合には、シニフィエの非連続化と一体化したシニフィアンの成立がある。たとえば、生命の有無を例にすると、この未分の連続世界に生対死の恣意的分節行為が起こり、シニフィアンとシニフィエの結合したシーニュである「生きている」と「死んでいる」が生きている状態と死んでいる状態という恣意的で非自然的な対立を創出する。これが〈言分け構造〉である。つまり、ここでは、二つの関係的なシーニュ（「生きている」という辞項と「死んでいる」とい

う辞項）が相互否定的に誕生する。

　一方，〈選り分け構造〉の場合には，このようなシニフィアンの新たな対立は生れない。たとえば，「母親」というカテゴリーにおいて「母親らしい母親」と「母親らしくない母親」の差異化がカテゴリー内部で行われて，意味内容では対立するが，表現する名称は対立せずに，依然として同一の「母親」のままで変化がない。つまり，同一カテゴリー内での価値評価による内部の差異化が行われるのは意味内容のほうだけである。少なくとも表面的には同一であるシニフィアン「母親」のもとに異なるシニフィエが誕生することになる。ただし，脚注の5（p. 81）でも述べたように，意味内容を「定義的特徴」と「典型的（百科事典的）特徴」に分けて考えると，問題がもっと明確になるように思われる。ソシュールの言うシニフィエが「定義的特徴」に相当する意味概念であるのに対して，本章で述べている同一カテゴリー内で差異化されるのは「典型的特徴」に相当する意味概念であるとすれば違いがはっきりするように思われる。前者の「定義的特徴」が他の辞項との外部対立を生み出す意味特徴であり，後者の「典型的特徴」が内部対立を生み出す特徴であると考えることができる。

　〈言分け構造〉，〈選り分け構造〉のいずれもが，対立項との違いというネガティヴな差異により，たとえ非自然的であっても，同じものととらえられるものを一つに凝集して，記号やカテゴリーを創り上げる点は共通している。この同じか違うかの境界線はソシュールの言うように恣意的なものである。同一カテゴリー内部

の成員の間でも，恣意的な違いによる区別を設けて，違うものと同じものを選り分ける。この差異化そのものは本来否定的であるので実体化は生じないはずのものであるが，しかし，その差異によって識別された同じものは肯定の力による実体化という方向性を強く帯びるように思われる。ネガティヴな差異による関係でしかない恣意的な記号やカテゴリーの世界が本質であるのにもかかわらず，人間言語また人間の精神は，ポジティヴな「同じもの」へという絞り込みにより実体化という方向性を強化していると言えるかもしれない。

　これは，おそらく人間の言語の宿命であろうが，この宿命を明らかにする思想が，ソシュールの記号論的還元であり，また恣意的な対立関係そのものを否定し実体化の虚をあばく仏教の絶対否定の道であろう。また，稿をあらためて議論したいが，仏教で言う「空ずる」という工夫は，境界線の恣意性，また実体化の無効性に目覚めさせる方向性をもつものであろう。[9]「らしさ」という

---

[9] 秋月龍珉 (1996: 149) は，絶対否定の道について次のようなことを述べている。
　「禅は何よりもまず絶対否定の道である。しかしそれは自己を無にするに似て，実は最もきびしく自己を錬えているのである。永平古仏も「万法に証せらるる」ことが，「自己を忘るる」ことが，ただちに「自己を習う」ことであると言う。禅は自力であるというが，真の禅者はかつてみずから自己を肯定することを考えたことはない。禅は単にヒューマニズムではない。逆に，禅者は常に自己を否定することを習う。死に習い死にきって，自己を無にしたところにこそ，あんなにも強い定力にみちた「真人」が，錬え出されるのである。否定だけを見つめていて，しかもそこに期せずしておのずからに肯定がついて来る。これが「即非」の

典型性の設定である〈選り分け〉の方向性にも,内部境界線による対立性を強調する理想化,実体化というベクトルが感じられる。他のものとの違いを創出・強調することにより,「同じ〈良い〉成員」を際立たせる役割をもっているのではないかと思われる。これは,同じカテゴリー仲間のなかにさらに違いを設けて,他の怪しいあるいは「悪い」成員を否定によって作り出し排除することによって,内部成員の純粋化を図り,ポジティヴな結束性のある実体化を確保しようとする人間言語あるいは人間の精神の宿命であると言えるかもしれない。

　一方,境界あるいは周縁領域の意味現象は,拙稿(2003)で指摘したように,対立概念の意味領域が交じり合う世界である。たとえば,「生きている」と「死んでいる」という対立概念を考えてみると,「生きているとは名ばかりである」という,「生きている」ものの[＋名,－実]の意味領域に属する成員は,「死んでいるも同然である」と言い換えることができることに注意したい。この「死んでいるも同然」という意味領域は,「死んでいる」というカ

　　　絶対の否定をバネとしてと,私のいう体験の真義である。」
　　　　　　　　　　　　　　　　　　　　　　　　(傍点は原著者)
「体験」に裏打ちされた主張であるだけに知性のみの理解は難しいが,相対的な肯定・否定という人間言語の制約を打ち破る絶対否定(＝絶対肯定)の工夫が語られていて大変参考になる。人間言語の恣意的な境界線の中で作用する相対的な否定・肯定ではなく,絶対否定による境界線そのものの排除,その結果,生れる絶対肯定の世界の誕生の経緯が述べられていると解釈したい。恣意的な体系である人間言語の限界点が照らし出されるきっかけを与えてくれる「体験の真義」であろう。

テゴリーの［−名，＋実］の領域（「死んでいる」という名称でよぶことはないが，内実は死んでいるのと変わらないという状態）を指していると言える。そうすると，この両概念の境界領域では，「名」の世界では「生きている」とよばれながら，「内実」の世界では，対立概念の「死んでいる」の意味をもっているということができる。しかしながら，生きていながら死んでいるとも言える曖昧模糊とした領域は，境界線画定にとっては望ましくない状況あるいは場所である。境界線の画定のためには，恣意的・非自然的に，「典型的」で明白な意味領域を作る必要がある。言ってみれば，あいまい領域の排除のための「典型」の設定があると言えるかもしれない。

　このような観点から「母親」というカテゴリー成立を改めて考えてみると，この概念を差異化・純粋化・理想化するための対立項は何であろうかという疑問が浮かぶ。「母親でないひと」というグループがそれにあたるだろうが，「母親でないひと」を構成する成員とは何であろうか。どのような対立項とネガティヴな差異化をすればよいのだろうか。「生きている」に対する「死んでいる」のような明確な対立語がない場合にはどうしたらいいのであろうか。「死んでいる」のではないと否定すれば「生きている」が相対的に得られるような場合と異なり，「母親」の対立語が一語に定まらないときには，「父親」でない，「子ども」でない，と否定を重ねていくのであろうか。どのような数の，また，どのような種類の対立項があれば「母親」というカテゴリーは心内・脳内で

差異化されるのであるのかは実ははっきりしない。

しかし,ここで,まったくの憶測にほかならないが,無視できない考え方が浮かんでくる。「母親」の対立項の設定ということで一つ考えられることは,同じ「母親」の中に対立項を設定するということである。それは,「母親らしさ」を強調し,同時に,「らしくない成員」という否定評価の対立項を内部で作り出すことである。そして,そのような同一カテゴリー内の否定的対立項によって,「母親」というカテゴリーを差異化,さらに,純粋化・理想化を行い,カテゴリーの認知的明確度を高めるというプロセスがあるのではないかということである。これは,「らしさ」に関する内部否定を作用させて,「母親」の内部に「母親の対立項(=非典型的母親)」を生み出すことによって「母親」という概念を成立させると推定できる仕組みである。このような仕組みを想定すると,「らしさ」と否定作用を導入すれば,一つのカテゴリーのなかだけでもその対立項を作り出すことができるので,差異化という根本的な働きがいつでも確保されていることになる。否定には,カテゴリー内部で働き,そのなかに対立項を産み出せる内部否定という仕組みがあることはすでに見たとおりであるが,差異化される対立項を同じカテゴリーの内部に作り出すか,外部に作り出すかの違いが何に起因するのかは今後に残された課題である。

内部境界線によってカテゴリー内部は差異化,非均質化されることを見てきたが,カテゴリー化というものがもっている問題点をここで整理しておこう。この多重境界線設定の動きは,同一カ

テゴリー内の非均質化，また，多様化という方向性を目指すベクトルであるとだけ考えるよりも，むしろ異端分子の創出とその排除によるカテゴリーの純粋化・同一化というベクトルでもあるという理解の仕方のほうが人間のカテゴリー化の内実を押さえた見方であるかもしれない。このようなベクトルの目指すものは，多種多様な事実の認識ではなく，「こうあるべきだ」という価値判断を伴う理想化ということにその重要な根拠があるのかもしれない。太平洋戦争時の「国民」というカテゴリーについてはすでにふれたことだが，さまざまな国民の多様性に目を向けるよりも，排除すべき「非国民」を創出することによって，理想化された「国民」という，あるべき姿を作り出す働きがカテゴリー化にはあると言ってよいように思われる。ここに，均質構造・純粋構造への希望，志望，そして，それを目指す当為の世界への展開があるのは，ある意味で人為の自然であると言えるのかもしれない。あいまい性をきらい，カテゴリーの境界線の鮮明化を目指すという理解方式の方向性からすれば，認知的な効果が評価される動きであると言えるが，しかし，このカテゴリー内のいわば清掃工事が進み，純粋な理想化が極端に進むと，そのようなカテゴリーの成員が現実には存在しないという不毛なカテゴリーを産み出す可能性もある。したがって，カテゴリー化，そして，さらに価値評価による「あるべき成員」への絞り込みというベクトルは，現実世界との接点を失う危険性を大いにはらんでいるということが重要な結論の一つである。

仏教思想では,「あるがまま」=「あるべきよう」という,一見混乱したかに見える考え方が提示されることがあるが,上記のようなカテゴリー化における価値評価の仕組みを理解してみると,その意味するところが理解できるように思われる。カテゴリー化という問題は,恣意的な価値評価を伴う絞り込みにより現実遊離を生み出す主観的(非自然的)な人間の精神が抱え込んでいる問題である。仏教では,恣意的で現実離れをした虚妄の理想世界を作り出す人間言語の宿命への警鐘を鳴らし,この虚構である非自然的な世界を絶対否定する。筆者なりに本章に即してもっと具体的に言えば,カテゴリーの多重境界線そのものを取り外す絶対否定により,虚構と恣意性のない本来の自然の姿(あるがまま―諸法実相)(cf. 秋月 (1996: 45/144))を獲得するのが人間の「あるべきよう」であると言っているように思われる。カテゴリー化における「あるべきよう」という価値ベクトルは,仏教の「あるべきよう」とはおおよそ次元が違う言葉のありようである。カテゴリー化という問題は,以上述べたように,カテゴリー化に関する諸問題というよりも,カテゴリー化そのものがもつ問題性,そして,同時に,カテゴリー化を避けることができない人間言語および人間精神の問題性を明るみに出す原点であり,人間の精神のからくりの一端を明らかにしようと試みる言語学にとってさまざまな問題を提供してくれるテーマであると言えるだろう。

2.6. さまざまな境界論：否定と肯定の対立

　これまでカテゴリーとその境界線をめぐる問題を議論してきたが，境界や境界線というテーマは，言語学的意味論の分野だけでなく，文化人類学や民俗学など，ほかの専門分野においても興味深い報告や議論が展開されている。ここではこのようなさまざまな境界論を参考にしながら，境界線をはさんで肯定／否定という対立性が生まれるということをカテゴリーの多重境界線との関連で考察していきたい。

　山口（2000），赤坂（1992, 2002），小松（編）（2001）などで論じられている境界論は言語の意味論にも大いに参考になるが，それによると，「中心と周縁」というような対立の場合に，中心側に「肯定的」評価，周縁側に「否定的」評価が付与されることが多いように思われる。中心側に自分の身をおくとすると，中心から周縁あるいは境界線の外部に負の評価を付与する過程はしばしば指摘されるところであるが，私たちの日常的な感覚でも一定の理解をもつことができる。さまざまな専門領域，たとえば，深層心理学でも，「意識と無意識」の無意識側には負の価値をもつものが抑圧されると説明があったり，また，民俗学においても，さまざまな場所の境界をめぐる負の評価の付与の事例が数多く報告されている（cf. 赤坂（2002），小松（編）(2001)）。

　山口昌男（2000: 88-90）は，人間の描く世界像において円周を境界として内と外という空間領域が対置されることに関連して，

次のように述べている。境界論の重要な論点が取り上げられていると思われるので，少し長いが引用したい。

> 「文化のプラクシスの中に生きて，これを疑わない人間の世界像は，多かれ少なかれ，己を中心とした同心円を形成しており，当然のことながら境界を円周として持っている。中心はもちろん円心と重なる「私」であり，この「私」は「彼」，「我々」に対する「彼ら」，「この世界」に対する「彼方の世界」という外で意識化される円周およびその彼方の部分に対置する形で，世界の像を描く。この円周の部分に現れる「彼ら」は他者の原像を提供する。とはいえ，円周は流動的であり，拡大したり，縮小したりするから，「内」と「外」という観念は決して固定的なものではない。円環内の「我々」は運命を共有し，共に裕かになったり，共に窮乏を味わったりする。彼らの利害は，基本的に我々のそれに対立し，「彼ら」は我々の成功を妬んでいる。我々は共に住み，助け合い，理解し合い（実は，そうではないのだが，この際そういったずれは問題ではない），喜怒哀楽を共にし，同じように考える。ところが，「彼ら」は我々と交わらず，理解不可能であり，不吉な赤の他人である。「我々」の側において，秩序が支配的であり，この秩序の中で，すべては恒常的であり，起こりうることにいかに対応すればよいかもわかっている。これに反して彼方の側において，一寸先は闇であり，すべてが不確定的である。

もちろん,「此方」も「彼方」も,意識の内側の状態の投影に過ぎないことはいうまでもない。「彼方」は意識の下層のある状態の投影物である限り,もし「彼ら」が存在しなければ,「彼ら」を創出しなければならない。ここで,働く論理は,「彼ら」は「我々」の対の一部であるというそれである。「我ら」のアイデンティティが確認されるために,「彼ら」は必要なのであり,彼らはそういった意味で有用なのである。キリスト教社会がゲットーを必要とした文化的前提はここにある。」

　私たちが議論してきたカテゴリーとその境界線の問題が,ここで引用した「人間の世界像」における「我々」と「彼ら」などの境界線とどのように関わりをもつかということは興味深いテーマである。私たちは,カテゴリーに内外の二重の境界線を引くという考え方をとってきたが,カテゴリーの境界線という用語の使い方は言うまでもなく隠喩的であって,そのような境界線が文字通りカテゴリーの内外に引かれていると考える客観的な根拠は現在のところない。「境界線」という言葉自体が隠喩的な用法であってみれば,本章のカテゴリー論も,カテゴリーを一種の空間的場所と見立てた隠喩的モデルであると考えてよい。上記の引用に出てくる「世界像」の境界（線）も隠喩的で,円周で表される。そして,「円周は流動的であり,拡大したり,縮小したりするから,「内」と「外」という観念は決して固定的なものではない」と述べ

ていることから判断して，円周は流動的で可動的なものであるが，円周が多重であるという考え方はとられていないと考えていいだろう。一つの円周が拡大したり，縮小したりする流動性をもつということが多重境界線と同じ効果をもつということが結果的にあるかもしれないが，境界線の流動性ということと複数の境界線の同時共存ということとは別のことであると思われる。また，「我々」と「彼ら」，「此方」と「彼方」など，二項を対置させていることからも，山口 (2000) の想定する境界線は内と外を区切る一本の境界線であると判断していいだろう。

さて，ここで取り上げたい問題は，多重境界線（議論を分かりやすくするために，ここでは，二重境界線とする）と否定の関わりからどのような問題が見えてくるかということである。カテゴリーを隠喩的に空間的な場所と見立てているので，その否定の作用を論じる際にも，否定が隠喩空間的な作用と見立てることができる根拠があることが望ましい。幸いに，否定の空間的捉え方を示す表現が存在する。たとえば，'beyond description'（形容できないほど）や 'beyond dispute'（議論の余地無く，疑いもなく）(cf. 'in dispute'（論争中で))，'beyond [out of] A's reach'（Aの手の届かない；Aの力の及ばない）などの英語に現れている beyond や out of，また，日本語の「論外」「問題外」などにある「外」が否定の意味（それぞれ，「論じる価値もない」，「問題として取り上げる価値がない」）で使われていることから判断して，否定という作用も空間的概念を隠喩的に使って表現されていることがわかる。その

語の肯定的内容が，in という前置詞から分かるように，内部に位置し，その語の否定が，beyond, out of などの前置詞から分かるように，外部に位置づけられることがわかる。したがって，否定作用を空間概念で隠喩的にとらえるということがあながち無理ではないと言うことができる。

さて，ここに A という語があったとすると，それに対する反対語 B を設置する場合と，A でないと否定する（～A と表記）場合とではどのような違いがでてくるのか考えてみたい。

(36) a.　A ⇔ B
　　 b.　A ⇔ ～A

このように問題状況を一般的に設定しておいて，その上で，具体的に，A を「生きている」，B を「死んでいる」として考えてみよう。この二つの語は，意味論的には，中間的な段階がない二項対立 (binary opposition) であると通常考えられているので，(36a) と (36b) はいずれも同じことを意味していると理解されるだろう。それぞれを否定すると，「生きていない」ならば，「死んでいる」，また，「死んでいない」ならば「生きている」ことになり，(36a)（「生きている」対「死んでいる」）と (36b)（「生きている」対「生きていない（＝死んでいる）」）は等価と考えられるだろう（ただし，否定が生と死の対立性を超出するようなメタ言語的な否定の働きをする場合はここでは考慮しないが，それについては，拙稿 (2010) を参照いただきたい）。

しかし，カテゴリー内部に中心領域と周縁領域を分ける二重境界線を設定する考え方を採用すると，(36a) と (36b) は等価でなくなる。「生きている」の否定を考えてみよう。まず，「生きている」という領域に内部境界線が引かれると，その内側の中心領域（[＋名，＋実]）の「生きている」（つまり，典型的な生存状況）とその周縁的な領域（[＋名，－実]）（つまり，生きているというのは名ばかりで，典型的な生存とは言いがたい状況）の二つの内部領域が差異化される。そうすると，カテゴリーの否定という場合に，内部境界線に囲まれた「生きている」を内部否定する場合と外部境界線に囲まれた「生きている」の外部否定の場合を区別する必要が出てくる（内部否定と外部否定については，2.3.1 節を参照）。内なる境界領域内の [＋名，＋実] の「生きている」を否定すると，「生きている」というカテゴリー内部の周縁領域（[＋名，－実]）（つまり，生きているというのは名ばかりで，典型的な生存とは言いがたい状況）を含意することができる。重要なことは，否定によって，同一カテゴリーの内部に中心と周縁の対立を生み出すことができるということである。

そして，さらに興味深いことは，この周縁領域が，対立概念の「死んでいる」を使っても表すことができるということである。その領域は，生きているのだけれども，「死んでいるのも同然」や「死んでいるのと変わらない」等の表現で表すことができる。これらの表現については先にもふれたが，「〜も同然」や「〜と変わらない」という表現が，「死んでいる」の [－名，＋実] の領域（つ

まり，死んでいるとは言わないが，内実は死んでいると変わらない）を表し，対立概念の「生きている」の周縁領域［＋名，－実］と重なることになる。これがカテゴリー内部の中心領域と周辺領域の対立を生み出す否定であるが，もう一つの否定は，周縁も中心も含めた全領域，つまり，外部境界線によって囲まれた全領域の「生きている」の否定になるが，これは外部の対立概念「死んでいる」の領域を含意する。したがって，二重境界線が設定された場合には，どの境界領域の否定かによって，二つの異なる含意が生じるために，(36a) と (36b) は等価ではなくなるという重要な帰結がもたらされることになる。

　もし以上のような考え方が正しいとするならば，カテゴリーは，対立概念の名前こそつかないが，その対立概念と同じ内実をもつ意味領域を内部に抱えていることを意味する。上の例でいうと，「生きている」という概念の境界領域のなかで，［＋名，－実］の領域，すなわち，「生きているとは名ばかりで，生きているとはいえない」の領域は，「死んでいるも同然」あるいは「死んでいるのと変わらない」という対立概念「死んでいる」を使った表現で言い換えられる領域である。ということは，ある概念の内部の周縁領域は，その中心領域と同一の名前でよばれながら，それと対立する概念の内実的意味をもっているということになる。これは，対立概念どうしの間には意味の内実の連続性があるということを示している。境界線は一本であるという立場で (36) を解釈すると，対立概念どうしの間では，その対立する内容はすべて相

互に排除しあって重なり合うことはなく,非連続的であるという考え方を引き出すことになる。しかし,二重境界線という考え方を導入すると,「生きている」と「死んでいる」のようなお互いに対立する二つの概念はその対立相手の内実の内容を周縁領域がそれぞれ併せもち,その意味で,概念内容の連続性をもっているという考え方を導く。

したがって,単一境界線か多重境界線かの選択は,このようにわれわれの認識のプロセスの解明について重大な違いをもたらす。多重境界線の考え方に立つと,たとえば,ある概念が名ばかりで内実がなくなるときには,対立概念の内実が名前なしで侵入しているといった考え方ができるようになる。すでに何度もふれているように,「名前」の世界は,二分法の世界であるから,その名前が付くかどうかという非連続的な世界を形成しているが,一方,「内実」,つまり,「意味」の世界は段階差が導入される多値的な世界であり,対立概念とも連続している世界であるということができる。いわば,カテゴリーは,裏(＝内実)では繋がっていながら,表(＝名前)ではお互いに隔絶しているように振る舞っていると言っていいかもしれない。

このような内外の境界線と意味と形式に関する [±名,±実] の道具だてにより,一つの概念に関わる四つの領域が設定され,対立概念の間の連続性を捉えることができるようになる。このようなカテゴリーに関する境界の考え方と上記の山口 (2000) のそれとは,いずれも「意識の内側の状態の投影」であるという共通

点があるかもしれないが,「世界」への投影と「認知的カテゴリー」への投影とでは性格を異にする境界が存在する可能性があるので安易に比較することはできないが,「文化のプラクスィスの中に生きて,これを疑わない人間の世界像」を,円周という境界による「内」と「外」,「我々」と「彼ら」などの二分法による対立図式で組み立てる場合と,本章のように二重境界線をとって対立図式を組み立てる場合とでは,おそらく異なる世界像が誕生することが当然予想される。なぜならば,一本の境界線の場合には,「外」は一つであるが,二重境界線では,境界線の「外」といえる領域が二つ生じ,それらに負の値を付与する可能性が出てくるからである。つまり,「内」の中の「外」（周縁領域）と,完全なる「外」に負の値が付与されるという,二つの「外」が生まれることになる。

これらの比較については具体的に十分議論する準備が現在ないが,赤坂憲雄（1992：291-292）の指摘には,二重境界線という捉え方とは異なるが,次のような周縁と境界の位相上の違いが述べられているので,参考までに引用しておきたい。

「周縁性とはある価値体系の内部における構造の揺らぎ（弛緩）であり,中心からの距離の遠さを重要な指標のひとつとする。この,中心／周縁という構図にとって,構造上の外部はかならずしも必要とはされず,ときに捨象されるということは注意されてよい。周縁からたちのぼるカオスは,中心

によってすでに・つねに囲い込まれている。言葉をかえれ
ば，外部から孤立した円環（価値体系）の内側では，周縁（と
そのカオス）は中心に奉仕する補完項としてのみ許容される
のである。

　たとえば，悪場所という都市の周縁部には，悪やカオスを
演出し体現する河原者や遊女がなかば定着していたが，かれ
らの漂わせるカオス＝悪は中心の秩序を活性化する役割は果
たしえても，秩序にたいする侵犯力そのものは巧妙に制御さ
れていた。祝祭という周縁的な時空に放出されるカオスもま
た，一定の水準を超え出ることなく，中心の秩序を裏側から
補完・強化するように方向づけられている。さかしまの世界
の王である祝祭のなかの偽王は，祝祭が中心／周縁の構図を
めぐって反復される秩序更新のための文化的メカニズムであ
ることを，よくしめしている。

　それにたいし，境界とはある価値体系の内部／外部のあわ
いに横たわる"或る《空虚》"であり，そこからとぎれること
なく湧出するカオスは，内部によっては制御しえぬ荒らぶる
力にみちている。境界は内部（または中心）の補完項ではな
い。むしろ，内部／外部の分割という不断の運動そのもので
ある。そうして境界は，秩序の創造と崩壊がくりかえされる
不安定な場となる。たとえば，祠をおき道祖神を祀りしめ縄
をはるといった，民俗のなかの境界をめぐる儀礼行為は，外
部性（ないしカオス）の侵犯にむけた対抗措置であり，そこ

での境界は，魔性の跳梁する禁忌の空間であったのである。」

(傍点は原著者)

価値体系に関する赤坂 (1992) の論考と本章で議論しているようなカテゴリー論は，内容面での大きな違いがあるが，構造上の類似性が感じられる。上記の引用文において，価値体系の「周縁」は，その内部における構造の揺らぎで，中心から距離の遠さをもつということから，本章で言うところの内外の境界線に囲まれた周縁領域 [＋名，－実] に形式上の類似性がある。また，「境界性」はある価値体系の内部／外部のあわいにあるとしていることから，構造的には，本章の外部境界線によって示される境界領域に相当すると言っていいかもしれない。また，カテゴリーの場合にも，その中心部分には正の価値評価がなされて，周縁には負の価値評価がなされるという傾向があることを考慮に入れると，上記の引用で言及している価値体系の「価値」との類縁性も感じられる。

しかし，それぞれの領域に付与されている役割や意義づけなど，内容に関する指摘がカテゴリー論にもこのままあてはまるかどうかは今後もさらに検討を要する。たとえば，周縁は，中心の秩序を裏側から補完・強化するように方向づけられているが，境界は，内部（または中心）の補完項ではなく，内部／外部の分割という不断の運動そのものであり，境界は，秩序の創造と崩壊が繰り返される不安定な場となるというとき，カテゴリーにも同様な補完・強化する周縁と秩序の創造と崩壊を繰り返す境界がある

のかどうか，非常に興味深い問題であるが，その真相は未解決の課題である。

　また，一つの概念的カテゴリーが成立するためには，そのカテゴリー体系における他の概念的カテゴリーとの相対的な対立関係が不可欠であると推測されるが，上記の山口（2000）の引用では，周縁や境界などが外周であって，その外部は，「一寸先は闇で，不確定である」というイメージで理解されている。このようなイメージは，カテゴリー一般にはそのままあてはまることはないように思われる。上述のように，対立するカテゴリーのそれぞれの周縁領域においてはその対立項の内実が侵入して連続しながら，一方，それぞれの中心領域は明瞭な対立を示していると考えられるが，このような対立様式を適用できるためには，当然，相互の対立するカテゴリーの存在が前提とされている。したがって，「一寸先は闇で不確実」というような特徴をもつ対立性は，カテゴリーの体系でどのように位置づけたらよいのか問題となる。「一寸先は闇」であるならば，対立概念の存在すら確定されない不確実な世界となる。AならAというカテゴリーの外は，－A（Aでない）という「否定」の世界であり，対象が不明確で肯定的に捉えられなければ，「否定」と同時に「不定」の世界ということになる。これは，カテゴリーの世界で「一寸先は闇」とは何であるのかという問題である。

　推測になるが，概念的カテゴリーの体系は定義上私たちの精神／脳の中にあると想定しているわけであるから，たとえ，無意識

的な知識であったとしても，われわれはそのカテゴリー体系の知識をもち，それを使用しているはずである。その意味では，対立するカテゴリーの世界は，既知の世界であって，一寸先は闇のようなものとは理解していないのが一般的であると思われる。しかし，実際の空間的な場所に関する場合には，未知の場所は，あちらこちらに，しかも，遠方に拡がっている。そうすると，私たちの空間経験の世界には，未知の，踏み込んだことのない場所や，あるいは異次元の領域などがあり，そこが「一寸先の闇と不確実性」の領域を生み出していると考えることができるかもしれない。もしかしたら私たちの精神世界のカテゴリー界にも闇と不確実性をその特徴とするような未知の領域があるのかもしれない。このような問題も含めて，境界の問題の解明をめざすためには，実際の空間や隠喩的な空間も含めて，より包括的な境界論を構築する必要があるだろう。

　一つのカテゴリーをめぐって複雑な意味のドラマが展開している。そのドラマを作り上げている意味のからくりを解きほぐしてみたいというのが本書執筆の動機であった。私たちの無反省なカテゴリー観では，あるカテゴリーが他のカテゴリーとはっきりした境界線で接していて，そのカテゴリーの成員も一様で平均化された世界であるということにおそらくなるだろう。しかし，今まで述べてきたように，一つのカテゴリーをめぐって，その内部では複雑な意味のダイナミックな現象が繰り広げられているし，また，対立カテゴリーとの間でも，名前での乖離と内実でのつなが

りという，奇妙な表裏の関わり合いをもっている。このカテゴリーを隠喩的に一種の空間的な場所と見立てて，その場所に差異化される異なる領域を取り出し，それぞれの領域の性質をできる限り明るみに出そうとしてきた。具体的には，内外の境界線と［±名，±実］という道具立てによって，四つの意味領域が差異化されて浮かび上がってきたが，このような分析装置を使うと，いままでは把握しにくかった意味の諸現象が以前よりも鮮明な形で取り出しやすくなるということを主張した。この道具立てのもつ分析の有効性の検証のためには，その分析力によって本質解明が進むような言語現象をさらに発掘して，その説明力を高めていくことが必要であると思われる。

境界というテーマを論じる際に必ずと言っていいほど出てくる中心的問題の一つが，境界のあいまい性（fuzziness）であるが，本章のような二重境界線という考え方に立つと，次にあげるような，少なくとも三つの異質なあいまい性が区別できるようになる。その一つは，カテゴリーの内なる境界線におけるあいまい性で，その境界線の内部に帰属できるかどうかが定まらない場合に，あいまい性が生まれる。つまり，典型的な成員とみなすかどうかが不定の状況で生じるあいまい性である。次は，カテゴリーの内部にある周縁領域［＋名，－実］に関わるものである。この領域は，すでに述べたように，対立カテゴリーの内実が入り込んでいる領域であるが，対立しあう両カテゴリーのそれぞれの周縁領域を合わせた領域というものは，それぞれ名前こそ明確に区別

されているが，その対立項の内実が入り交じり混在しているために，いずれのカテゴリーに帰属させるかを内実によって区分けすることがしにくい領域である。いわば，どっちともとれる，あるいは，どっちともとれないという両義性の場所のあいまい性といっていいだろう。最後の三つ目のあいまい性は，外部境界線をめぐって起こるあいまい性で，この境界領域は，類似性や同一性という規準によりカテゴリー帰属の推定や断定がなされる領域であると上で述べたが，その推定も断定もできないあいまい性，すなわち，どのカテゴリーに帰属するのかはっきりしないものがいたり，あったりするような領域のあいまい性で，得体の知れないものや正体のわからないものが棲む闇の境界領域として捉えることもできよう。したがって，われわれの二重境界線によれば，このような三つの異なった性質をもつあいまい性が区別されることになる。このような三種類のあいまい性を設定することが境界論にとってどのような意味をもつかはさらに考察を深めることが今後必要である。

　また，本章では境界線を二本設定して，多重境界線論を展開したが，そもそも境界線というものは恣意的なものであると考えられるから，多重境界線という考え方はさらに境界線の数を多重的に増やしていく可能性をもっている。その可能性とはどのような現象を分析するときに必要になるのかも今後の課題である。まだまだ，本章の境界論にはいくつも検討課題が残っている。そのいくつかに簡単にふれて本章を終わりにしたい。まず，ここではご

く限られた概念や構文にふれたのみであるから，このような多重境界線の考え方があらゆるカテゴリーに原則的に適用できるような一般性の高いモデルなのか，あるいはまた，多重境界線の設定がなされやすいカテゴリーとそうでないカテゴリーのような違いが存在するのかどうかも検討を加える必要がある。

　また，意味内容の世界が多値的世界であることからくる検討課題も多い。たとえば，［＋名，－実］において，名前はもつが，内実の充実度がないという場合に，その充実度の程度にはおそらく漸次的な差異があることが推測されるので，その差異化の程度の問題がまだ残っている。また，［－名，＋実］という，形式を欠く意味だけの世界がどのように分析され，また，それが，表現形式を併せもつ意味の世界とどのような関わりをもつのかも未知の問題である。

　最後に，境界をめぐる他の諸分野の研究との比較・連携という問題があるが，たとえば，民俗学的な境界論でいう境界との異同はどうか。また，意識と無意識の境界との異同はどうか，など。境界現象は，字義的であれ隠喩的であれ，その場所によって現れ方に違いが生まれることが予想される。民俗学のような，具体的な場所で（恣意的に）選定される境界と，私たちの心理内で働くと想定しているカテゴリーの境界では，構造的類似性はあっても，領域を形成する内実の違いによって正負の価値の付きやすい領域とそうでない領域の違いなどが生まれることも当然予想される。境界現象というのは，人間の精神・文化のメカニズムに通底

していることが予想されるので，その仕組みを探る格好の材料を提供くれる現象であると思われる。このような異なる研究分野での境界論の比較検討，そして，できるなら，それらを統合できるような一般的境界論の成立の可能性の問題も今後探っていきたい。

第 3 章

リアルという問題

はじめに

　「事実」と「当為」という概念は，通常は区別されて，混同が避けられる概念である。辞書の定義を見ても，「事実」というのは，「実際に起こった事柄」や「現実に存在する事柄」と説明され，「当為」は「そのようにあるべきこと」や「そのようにすべきこと」と説明される（cf.『明鏡国語辞典』，『デジタル大辞泉』）。この辞書の説明を見ても，その意味の違いは明白であるように思われる。しかし，このような対立する概念が同一語の中に多義として共存しているのが，これから見ていくように，言語の事実である。本章では，この事実を取り上げ，その対立項の意味がどのようにつながるのか，その仕組みの一端を明らかにしていきたい。そのためには，語の形式（「名」）と内容（「実」）のずれに着目できる方法が必要になるので，拙稿（2006 ほか）で提案し，本書第 2 章でも詳しい説明を加えた「名実の意味論」の方法論を使いたいと思う。まず，本章第 1 節で，この方法論の概略を説明したあと，第 2 節で，この道具立てを使って，日本語の「本来」，「本当」，「当たり前」などの語の意味分析を行う。その分析を基盤にして，第 3 節では，英語の real の多義性の成立の仕組みを明らかにしていく。

　「リアル」という語は，現代の日本語でよく使われるが，その意味の仕組みは，少なくとも，筆者には，不明瞭な点や謎が多い。たとえば，「小説は事実よりリアルである」というような指摘を聞くと，戸惑いを覚える。「リアル」と言えば，まず「現実」や「事

実」という意味が浮かぶが,「事実よりリアル」という言葉には,この意味とは別の種類の意味が「リアル」にはあるということに気付かされる。また,「リアル」という概念は,言語学的意味論だけでなく,精神医学の分野や仏教思想などでも鍵となる重要な概念になっているように思われる。さらにまた,私たちが人生の意味について考える日常的な思索・行動においても,「リアル」という言葉の使い方は重大な鍵を握っている。このような諸方面にわたる「リアル」の問題というのは,「リアルに関する問題」というのみに留まらず,「リアルという問題」という,人間にとって切実な問題の切り口がある。本章では,可能な限り,言語の事実に即して具体的に,また,常識に即して身近な例を分析して,筆者の積年の謎の在処を少しでも明らかにしてみたいと思っている。

3.1. 三つのフィルター構造

　人間の行うカテゴリー化（categorization）において,〈身分け構造〉と〈言分け構造〉という二層の構造がすでに提案されているが,さらに,それに加えて,〈選り分け構造〉という,もう一つの恣意的な構造化の仕組みを設定することが必要であることを,拙稿（1998, 2002, 2003, 2006）で提案し,また,本書第2章でも,それについて詳しく説明した。ここで多少繰り返しになるが,その要点をまず述べておきたい。

　ソシュール研究の第一人者である丸山圭三郎氏は,〈身分け構

造〉と〈言分け構造〉を区別して次のように言っている。

> 「人間が動物と共有する,シンボル操作以前の感覚＝運動的分節によって生れる第一のゲシュタルトを,市川浩氏の用語を借りて〈身分(みわ)け構造〉と呼ぶことにする。これはポジティヴな世界ではあっても,自然のなかに即自的に存在する物理的構造ではなく,動物一般がもつ生の機能による,種特有のカテゴリー化であり,身の出現とともに地と図の意味的分化を呈する世界である。
>
> 　これはすでに多くの人が指摘しているように,動物の知覚が決してアトミズム的感覚の寄せ集めではないこと,そしてゲシュタルトそのものは事物の即自的 en soi な性質として自然のなかにあるのではなく,動物自身によって構成されるという意味にほかならない。」

（丸山 (1983: 250),傍点は原著者）

> 「過去も未来も,コトバの産物であり,ヒトはコトバによって「今,ここ」ici et maintenant という時・空の限界からのがれ,ポジティヴな世界をゲシュタルト化する身分けに加えて,ネガティヴな差異を用いて関係を創り出す非在の世界を言分ける。この第二のゲシュタルトを〈言分(ことわ)け構造〉と呼び,その構造を生み出す構造化能力がランガージュであるとすれば,この過剰としての文化の惰性態こそ,ラングにほかならないことを明確にしておきたい。」

(丸山 (1983: 255)，傍点は原著者)

〈身分け構造〉は，コトバ以前による，ヒトという種による自然な分節行為であるのに対して，〈言分け構造〉は，言語の習得による非自然的な（＝恣意的な）分節行為によって生れる構造である。したがって，ラングの中の辞項は，非自然的（歴史・社会的）なもので，言語外現実の中に潜在する価値が反映しているのでもなければ，種のゲシュタルトに支配されているのでもなく，むしろラング内の恣意的価値が，言語外現実に反映してこれを秩序づけ，種のゲシュタルトを抑圧してこれを破壊していると説明される。以上の説明によれば，ヒトが関わる分節行為には，自然的なものと非自然的なものがあり，それぞれがゲシュタルトを形成しているということになる。日本語というラングの中の辞項，たとえば，「母親」なら「母親」という辞項は，日本語という言語体系内に共存する他の辞項との対立関係からのみ，その「価値」，すなわち，意味が決定されるということになる。

　辞項の本質は，このように，非実体としての関係にのみ基づく非自然的な価値であるわけであるが，筆者は，拙稿（上掲論文）において，その「価値」とは別の種類の「価値」が言語に観察されることを指摘し，それを理論的に捉えるために，「名実の意味論」を提案した。この名実の意味論においては，カテゴリーの名 (name) と実 (substance) をめぐる四つの意味領域を考慮に入れることのできる意味分析のモデルである。その要点を以下に述べ

ておきたい。

　従来の典型的な考え方では、あるカテゴリーをめぐって、事物がそのカテゴリーに属するか属さないかという、二分法の考え方が支配的であったと思われる。しかし、次のような用例を説明するためには、この二分法だけでは不十分であることがわかる。ここでは「彼女」が指す人物が「母親」というカテゴリーのどこに属するかを考えてみたい。

(1) a.　彼女は母親であって母親でない。
　　b.　彼女は母親ではないが母親である。
　　c.　彼女は母親は母親だが、母親らしいことはやっていない。

ここで「母親」をAとおいてみると、(1a) は「彼女はAであってAでない」、(1b) は「彼女はAではないがAである」、(1c) は文中に「彼女はAはAである」を埋め込んでいる。一般的に言うと、'A is not A' は矛盾 (contradiction) を示し、無内容な表現と考えられ、また 'A is A' のような同語反復 (tautology) は、AはAであるという、いわば、当たり前なことを伝え、情報量がゼロであると考えられる。しかし、日常の日本語では、これらの表現はすべて有意味で、一定の情報量をもつ適格な表現である。

　これらの事実を捉えるには、二分法的なカテゴリー観から解放されて、カテゴリー内部の差異化を扱えるモデルが必要である。上記の拙稿では、カテゴリーの名前と内実のずれに着目して、一

つのカテゴリーをめぐる四つの意味領域を設定した。まず,母親らしい母親,これは「母親」という名前だけでなく,その内実(母親とよぶにふさわしいと考えられている典型的な意味特徴)も十分もっているグループ(以下,名実ともに備わっているという意味で,[+名,+実]と略記)がある。次に,「母親」という名前をもつことはもつが,内実が十分備わっていないグループ([+名,−実])がある。また,名前も内実もいずれもないグループ(「[−名,−実])を考える必要がある。さらにまた,組み合わせのもう一つの可能性として,[−名,+実]があるが,これは,「母親」という名前こそもたないが,内実は母親と変わることのない,「事実上の母親」あるいは「母親同然の人」,「母親と変らない人」などとよばれるグループが属する領域である。このように考えると,一つのカテゴリーをめぐって,次のような,少なくとも4領域が区別できることになる。

(2) a. [+名,+実]　　b. [+名,−実]
　　c. [−名,+実]　　d. [−名,−実]

ここで「少なくとも4領域が区別できる」という言い方をしたのは,内実の世界は本来,意味特徴の多寡によりさらに差異化が可能であり,それに応じて意味の領域あるいは段階が四つに留まらず,さらに増加することができるような多値的世界を構成していると思われるからである。しかし,ここでは,内容の充実があるかどうかという2領域だけに限定して議論を進めたい。そこで,

一つのカテゴリーをめぐる上記の4領域という観点からもう一度 (1) の例を考えてみると,「彼女は,母親とは名ばかりで,母親らしいことはやっていない」という領域（すなわち,[＋名,－実]）の母親を表せるのは,矛盾文の (1a) と同語反復を含む (1c) である。次に,もう一つの矛盾文 (1b) は,「彼女は母親という名前でよばれることは正式にはないが,事実上,母親と同じだ」といった状況（すなわち,[－名,＋実]）で使うことができる文である。このような矛盾や同語反復といった「有標の (marked)」事態での意味の解釈の仕組みを解き明かすには,(2a) と (2d) だけから成る二分法のカテゴリー構造だけでは不十分であり,(2b, c) のような,「名」と「実」の値の'±'の食い違いが生じている領域を想定することが必要である。

　ここで問題となるのは,「母親らしい母親」という場合の「らしさ」という価値評価は,丸山氏の言う言語記号がもつ〈言分け構造〉による恣意的価値と同種類のものであろうかということである。言語記号すなわち辞項がもつ価値は,言語外現実の中に潜在する価値が反映しているのでもなければ,種のゲシュタルトに支配されているのでもないとされ,辞項の価値が恣意的な分節による対立関係のみに基づくのであるとすれば,同じ言語体系内の他の辞項との間に引かれる境界線は,いわば「外部境界線」であり,それが恣意的になるということを意味する。一方,本書では,カテゴリーの外部境界線に加えて,カテゴリー内部にはさらに「内部境界線」が設定され,上例のような「母親らしい母親」と「母

親らしくない母親」が恣意的に分節されていると分析した。しかし，この内部分節された「母親らしい母親」と「母親らしくない母親」の対立は，たとえば，「父親」と「母親」のような異なる辞項の対立による「価値」であるというような対立ではなく，むしろ，同一辞項内における対立であって，その一方の対立項（ここでは，「母親らしい母親」（の成員））にプラスの価値評価が付与され，それと同時に，もう一方の対立項（ここでは「母親らしくない母親」（の成員））にマイナスの評価が与えられる。対立性，恣意性という特徴をもつという点では，ソシュールの言う言語記号の価値と類似していると言えるが，カテゴリー内部の価値評価的な対立という現象は安易にソシュールの記号論にある「価値」という考え方と同一視してはならないと思われる。本書で議論した「価値評価」は，すでにソシュール的記号価値を与えられている対立項（他の項との否定的恣意的に分節された「母親」という辞項）の内部を構成するある領域にプラス評価が，それと内部対立する領域にマイナス評価がさらに付与されるという点を考慮するならば，ソシュールの言う恣意的分節そのものが生み出す対立辞項の関係的価値とは区別される別の価値評価であると考えて，その構造化のからくりを探る必要がある。そこで，丸山氏の言う〈身分け構造〉，〈言分け構造〉に加えて，さらに「らしさ」の価値評価による構造化が存在すると考え，それを〈選り分け構造〉とよんだ。

　以上の議論を要約すると，一つのカテゴリーは，恣意的分節行

為のネガティヴな差異化によって決定される〈言分け構造〉内の辞項の意味内容を共有するものを成員として成立すると思われるが，このカテゴリーに属する同じ仲間である成員を凝集させるのは相互の類似性（similarity）である。もちろんこの類似的特徴はポジティヴなものではなく，他のカテゴリーとのネガティヴな差異化を前提とした類似性であることは言うまでもない。この類似性を共有する同一カテゴリー内の成員の間でさらに価値評価による差異化がなされて，プラス評価のグループとマイナス評価のグループとの非連続化が成立し，カテゴリー内部に非均質的な差異構造が生み出される。

〈言分け構造〉による非連続化の場合には，シニフィエの非連続化と一体化したシニフィアンの成立がある。たとえば，生命の有無を例にすると，この未分の連続世界に「生」対「死」の恣意的分節行為が起こり，シニフィアンの「生きている」と「死んでいる」という対立が，生きている状態と死んでいる状態という恣意的で非自然的なシニフィエの対立を同時に創出する。つまり，ここでは，二つの関係的なシーニュ（「生きている」という辞項と「死んでいる」という辞項）が相互否定的に誕生する。一方，〈選り分け構造〉の場合には，このようなシニフィアンの新たな対立は生れない。たとえば，「母親」というカテゴリーの内部において「母親らしい母親」と「母親らしくない母親」の差異化が行われるが，この差異化された二つの意味領域を表現する名称，すなわち，シニフィアンは依然として「母親」のままで変化がない。つまり，

同一カテゴリー内での価値評価による内部の差異化が行われるのは意味内容の内実の部分だけである。少なくとも表面的には同一であるシニフィアンのもとに異なるシニフィエがさらに差異化され誕生する仕組みであるということができる。

3.2. 事実と価値評価：「ある」と「あるべき」の共存

事実（「(で) ある」）と当為（「(で) あるべき［すべき］」）の二つの世界は，通常，区別されて混同することは回避される。たとえば，中村・木村（監修）(2001) の対談（「「場所」をめぐって」）において，存在（者）的なカテゴリーとパトス的なカテゴリーを区別するヴァイツゼッカーの考えを紹介して，次のように述べている。

> 「存在的なカテゴリーというのは「ある」「である」という sein, 英語の be 動詞ですね。これは客観的な実在の世界。これに対してパトス的カテゴリーというのは，ドイツ語でミュッセン müssen（ねばならない），ケネン können（できる），ヴォレン wollen（したい），デュルフェン dürfen（してもいい），ゾレン sollen（すべきである）の五つの助動詞で，これを彼はパトス的ペンタグラムというんです。」(p. 51)

このように，「(で) あるべき［すべき］」（以下，まとめて「あるべき」と略記）という価値評価の入った「当為」のカテゴリーは，

客観的な実在を表すカテゴリー「(で) ある」(以下,「ある」と略記) とは区別される。しかし, 本章で問題にしたいのは, 一つの語に客観的な実在を表す意味と価値評価の意味の両方が混在して用いられるという事実があることである。

　上記 (1) の「母親」のカテゴリーの場合と同じように, 次の例の「大学生」という語の意味を見ると, この「ある」と「あるべき」の両方の意味のタイプが同一語「大学生」で使われている。

　　(3)　彼は大学生であって, 大学生ではない。

(3) の文には,「大学生」という語が 2 回使われているが, 便宜上, 最初のものを「大学生^1」, 2 番目のものを「大学生^2」と表記して区別することにする。論理的に言えば, ある人物が「大学生であって大学生でない」という表現は, 矛盾とよばれ, 意味内容がないと判断されるが, しかし, 日常の日本語では, (3) のような表現は無意味ではなく, 一定の意味をもち, 実際に使われる表現である。コンテクストによって意味解釈が変わるが, たとえば, 彼なる人物は, 昨年大学に入学して, その大学の正規の学生として登録されたが, 入学後, ほとんど大学には行かず, 毎日をアルバイトで過ごしている状況で (3) が使われると, 一定の意味をもつことがわかる。その意味解釈の仕組みを分析的に捉えてみると, たとえば, 以下のようになる。「大学生^1」と「大学生^2」は, 形態上は同じ語であるが, 意味内容にずれが生じている。「大学生^1」は, 彼が大学生という客観的な資格をもっているという事実

を表すが,「大学生^2」はそのような事実認定を表す意味ではなく,大学生らしい大学生,つまり,「大学生とはこうあるべきだ(あるいは,そうあってほしい)」と発話者の思念する大学生を表していると解釈できる。

この解釈では,「大学生^1」はこのような価値評価とは関係なく客観的な資格をもった現実のすべての大学生を指すことができるのに対して,「大学生^2」は,大学生としての価値評価が下されており,(3)の発話者が,大学生としてあるべき典型と考える大学生を指している。事実という意味領域と典型(あるいは理想)という意味領域は,通常は反意的な内容をもつものとして,相容れない意味の世界に属していると考えられるが,(3)のような例では,同一の「大学生」という語が,「大学生である」という事実と「あるべき大学生」という典型の,それぞれ異なる意味領域を指しているので,意味の矛盾はないと説明できる。しかし,このように「ある」と「あるべき」という異なる意味領域が共存できるのは「大学生」に限らず,(1)の「母親」にも同様に見られたように,日常の自然言語では,よく観察される意味現象なのである。この「事実」と「当為」の意味連関による意味世界の構築の仕組みについて日本語のいくつかの例をあげながら,さらに考察を深めていきたい。

ここで,いくつかの語の多義性に目を向けて,価値評価された「当為」の意味と,価値評価が入らない「事実」だけの意味との共存があることを見てみたい。まず,日本語の「本当」の辞書の定

義を引用して，その多義の意味パタンを取り出してみる。[1]

(4) 「本当」

『広辞苑』:

① 偽りや見せかけでなく，真実・実際であること。まこと。ほんと。「―の気持ちを言う」「彼こそ―の英雄だ」

② 本来の筋道であること。あるべき姿であること。まとも。あたりまえ。「彼が謝ってくるのが―だ」「―なら，とっくに死んでいるはずだ」

「本当に」→心からそう思っているさま。程度の甚だしいさま。「―にありがとう」「今日は―に暑い」

『大辞泉』:

① 偽りや見せかけでなく，実際にそうであること。また，そのさま。ほんと。「一見難しそうだが―は易しい」「うわさは―だ」

② 本物であること。正しい姿であること。ほんと。「―の絹を使ったブラウス」「彼こそ―の英雄だ」

③ 本来の筋道であること。もともとの状態であるこ

---

[1] 以下に例文，訳語を引用する辞書は，電子辞書版の『広辞苑第5版』[以下，『広辞苑』と略記]，『デジタル大辞泉』[=『大辞泉』]，『明鏡国語辞典』[=『明鏡』]，『リーダーズ英和辞典（第2版）』+『リーダーズ・プラス』[=『リ英和』]，『ジーニアス英和大辞典』[=『ジ英大』]，『ランダムハウス英和大辞典』[=『ランダムハウス』]，『新編英和活用大辞典』(=『活用』)，『新和英大辞典第5版』(=『新和英大』)。

と。また、そのさま。本途。ほんと。「からだがま
だ―でない」「―なら先に行くところだ」
④ (「本当に」の形で) はなはだしいこと、また心から
そう思ったり感じたりしている気持ちを表す。ほん
と。「―に悔しいことをした」「―にありがとう」

『明鏡』：
① 偽りや見せかけではなく、そのとおりであること。
特に、ことばで表されたものが、実際にそのとおり
であること。ほんと。「彼こそ―の友達だ」「平気な
顔をしているが、―は怖いのさ」「『結婚するって―
か？』『―だとも』」
② 本来そうあるべきこと。本来的。「体調がまだ―で
はない」「―は右利きだが、左でも打てる」

上記の三つの辞書の意味分類は多少の違いがあるにせよ、次のよ
うに整理できる。

(5) 「本当」
① 偽りや見せかけでなく、実際にそうであること。
② 本物であること。正しい姿であること。あるべき姿
であること。
③ 本来の筋道であること（本来そうあるべきこと）。も
ともとの状態であること。

ここで着目したい重要なことは、「実際にそうであること」と「あるべき姿であること」という意味が一つの語のなかに共存していることである。つまり、客観存在者的な「ある」とパトス的な当為の「あるべき」は意味領域が違っていると考えられているのにもかかわらず、その二つの意味領域が「本当」という一語のもとに統合されているという点である。また、③「本来の筋道であること」という「本来性」が顔を出していることにも注意したい。「本来性」と「あるべき」との密接な関係は何であろうか。「本来の自分」といえば、「あるがままの自分」と「あるべき自分」の両義をもっているように感じられる。「あるがまま」と「あるべき」の共存する多義とはいったい何を物語っているのであろうか。

　「本当」という語の意味世界を探る上で、「実」という類義語との差異を考えておきたい。「実の母親」と「本当の母親」は、いずれも日本語において使われている表現であるが、その意味の違いは何であろうか。「実の母親」と「本当の母親」は、どちらの表現も、現実面で、その子供を生んだ母親という意味をもつことができるという点で、同じ意味をもっていると言うことができる。しかし、意味が違う場合がある。「本当の母親」は、「母親」としてのあるべき理想の特徴をもった模範的な母親を指すことができるのに対して、「実の母親」というのは、必ずしも、名実ともにそろった理想の母親がもつ特徴をもっているとは限らない。「実の母親」は生みの母親という現実世界の指示対象を指す意味をもっているが、「本当の母親」という表現は、生みの母でありながら、

同時に，名実ともにそろった模範的な母親を指すこともできる。さらに，興味深い重要な特徴は，「本当の母親」は，生みの母親ではなくとも，名実ともにそろった模範的な母親と同じ特徴をもっていれば，その人を指して使うことができるという点である。たとえば，「実の母親はAさんだが，本当の母親はBさんだ」のような言い方にその意味の違いがはっきりと現われている。Aさんは，実の母親であっても，母親らしいことをしていない，それに対して，Bさんは生みの母親ではないが，母親のすべきことはすべてやっているので，本当の母親はBさんだというような状況を仮定すれば，「本当の母親」は「あるべき姿の母親」を表すことができる。したがって，「本当の母親」はあいまいであって，「実の母親」の意味と「あるべき姿の母親」の意味も表すことができる。

　名実の意味論の表記を使うと，「母親」とよべるのは，「母親」というカテゴリーで，［＋名, ±実］［＋名, ＋実］［＋名, －実］［－名, ＋実］の四つの意味領域で可能になる。［＋名, ±実］は，客観的な事実，すなわち，生みの母親という事実だけを表すので，価値評価とは没交渉の「母親」であると言っていい。ここで［±実］という表記は，「あるべき母親の特徴（＝［実］）」という価値評価的意味とは没交渉であることを表す便宜的な表記法である。［＋名, ＋実］は名実ともに揃った模範的な母親である。［＋名, －実］はいわば名ばかりの母親で，母親らしいことをしていない母親である。［－名, ＋実］の母親は，母親という名で正式によば

れることはないが，内実は母親と変わらない人物を指している。このような母親の意味領域を設定してみると，「本当の母親」は，［＋名，±実］［＋名，＋実］［－名，＋実］の三つの意味領域を指すことができると言うことができる。言い換えれば，［＋名，±実］と表記される事実概念を意味する場合と，［＋名，＋実］あるいは［－名，＋実］と表記される「あるべき母親」という価値概念を意味する場合である。

　ここで重要なことは事実概念と価値概念の区別とその意味連関である。事実概念である「実の母親」が指す人物であっても，価値概念の「名ばかりの母親」である場合もあれば，「名実ともに備わった母親」である場合もあるので，「実の母親」は「名ばかりの母親」あるいは「名実ともに備わった母親」と対立することはない。言い換えれば，土俵が違うので対立する意味関係にはならないと言える。一方，「名ばかりの母親」と「名実ともに備わった母親」は，母親らしさを決める価値評価に関与している点で共通の土俵上にあり，意味が対立している。それを，それぞれ，［＋名，－実］，［＋名，＋実］と表記し，［実］の前に付く＋，－でその対立を表している。［＋名，＋実］という特徴をもつ母親は，［－名，＋実］とは「名」の有無で対立し，［＋名，－実］とは，「実」の有無で対立していると言える。

　上述した「実」という語は，二つの用法があるために意味の混乱を招く恐れがあるので，それをここで回避しておきたい。「実」は，一方で，「実の母親」という表現でも用いられるし，また，一

方で,「名実ともに備わった母親」という表現でも使われている
が, それぞれの「実」は意味が違うという点に注意を払うことが
重要である。『明鏡』によると,「実」の意味として,「①うそ偽り
がないこと。真実。本当。②中身。実質。③誠実な気持ち。真
心。④実際の成果。実績」があげられているが,「実の母親」と言
う場合の「実」は, ①の意味に相当し,「偽」と対立する意味で使
われる。それに対して,「名実ともに備わった母親」という表現で
使われている「実」は, ②の意味に相当し,「名」や「形式」に対
立する「実質」という意味をもっている。名実の意味論で用いら
れる表記の［＋実］や［－実］は, ②の意味の「実」であり,「母
親」という「名」に対する「実質」すなわち「意味内容」の意味
で使われている。以上の区別に留意した上で, 再度整理してみる
と,「本当の母親」は,［＋名, ±実］と表記される事実概念（す
なわち, 生みの母親）と,［＋名, ＋実］あるいは［－名, ＋実］
と表記される価値概念（すなわち, 模範的な「あるべき母親」）を
意味している。そして, 後者の価値概念は, 名実ともに揃った母
親と, 名こそないが模範的な母親と変わらない人, の両者を指す
ことができる。

　このように, 一つの同一表現の中に, 事実概念と価値概念が共
存しているという事実は, 私たちの意味世界の構築の仕組みがど
のようなものであるのかについて, その一端を明るみに出してく
れる可能性がある。その説明を試みる前に,「事実」と「価値」の
間のこのような多義的な意味連関が,「本当」という語に限定的に

見られる現象ではなく，一般的なメカニズムとして取り出すことができる現象であることを確認するために，関連する例をいくつか取り上げたい。

　まず，「本物」という語の用法を見てみよう。『大辞泉』には，具体例として，「本物の真珠」，「彼の技量は本物だ」などがあがっているが，この二つの「本物」の意味用法はまったく同じであろうか。同辞典では，「本物」の意味として，「①にせものや作りものでない，本当のもの。また，本当のこと」と「②見せかけではなく実質を備えていること。本格的であること」をあげているが，①の意味が，「本物の真珠」において使われている意味であり，事実概念を表し，「偽物」に対立する意味をもつ。本物の真珠であれば，その質の良し悪しの程度を問わず，「本物の真珠」と表現できる。この「本物」は，段階性のない (non-gradable) 二分法の世界，つまり，本物か偽物かの二項対立の世界を構成する。

　一方，「彼の技量は本物だ」の例で使われる「本物」は，②の意味をもち，彼の技量が充実していて本格的であることを表しているので，段階性をもつ (gradable) 世界を表している。つまり，その「技量」があるかないかの二分法の世界ではなく，「技量」の内部にいくつかの充実段階をもっている。したがって，「彼の技量はかなり本物だ」のように，「かなり」のような語で修飾できて，その程度に言及することができる。「彼の技量は本物だ」の「本物」は，「彼の技量は名ばかりだ」のようなマイナス価値評価の表現の「名ばかり」と対立して用いることができる。それに対して，

真珠が本物か偽物かについては、段階性は通常設定しないので、「かなり本物の真珠」という言い方は不自然に聞こえる。①の「本物」の意味は、事実認定にかかわる事実概念であり、②の「本物」の意味は、内実の充実度に関する価値評価を含んだ価値概念を表していることがわかる。

このように「本物」という同一語のもとに観察される「事実—価値」の意味連関のタイプは、「人物」という語にも同様に見られる。『大辞泉』によると、「人物」という語には、次のような記述が見られる。

(6) 「人物」
    ① ひと。人間。「偉大な―」「登場―」
    ② 人柄。ひととなり。「面接試験では主として―を見る」「―は確かだ」
    ③ 人格・才能などがすぐれた人。人材。「肚のすわった、なかなかの―だ」
    ④ 描画の対象である人間の姿・形。

(6)の①の意味では、人であれば誰でも「人物」で指示することができるので、事実概念であるが、③の用法では、人であれば誰でもいいわけではなく、その中の人格・才能などにおいて優れていると価値評価される人のみに絞り込まれて用いられる。以上のような「本物」や「人物」などの多義性を見てくると、事実的な意味と価値評価的な意味の間には多義の連関性があり、それが例

外的な現象ではなく，一般的な意味のメカニズムとして捉えてもよいように思われる。

それでは，事実概念「ある」と価値概念「あるべき」の意味の結びつきにはどのようなパタンがあるのかを，いくつかの語の辞書定義を引用しながら調べてみよう。

(7)　「本来」

　　『広辞苑』：

　　① ありのままであること。もともと。はじめから。元来。「—の姿にもどる」

　　② 当然そうあるべきこと。あたりまえ。「—ならお伺い申すべきですが」

　　『大辞泉』：（副詞的にも用いる）

　　① もともとそうであること。元来。「—の目的を考える」「人間は—感情の動物だ」

　　② それが当たり前であること。道理であること。「—向こうからあいさつに来るべきだ」

　　[用法] 本来・⇒元来—「学校は本来（元来）知識を学ぶための施設である」のように，両語ともに相通じて用いられる。◇「本来」には，正式にはとか，現状はそうではないが本当はといった意があり，「本来あってはいけないことだ」「本来，当事者間で解決すべき問題だ」などと使われる。◇「元来」は，はじ

めからそうであることを示す意がある。「元来病弱な体質なので」「元来日本人はこうした方面のことに疎かったようである」◇両語は「〜の」形でも使うが,「本来の目的を見失う」「本来の所有者に返す」などは,「元来」で置き換えられない。また,「本来なら（ば）」も「本来」だけの用法。「本来なら直接伺ってお願いすべきところですが」

『明鏡』：

性質・能力・役割などとして，もともと備わっていること。「—の目的と異なる」「—の力が発揮できない」「彼—の姿を取り戻す」

◇ 副詞的にも使う。

［表現］もともとの性質・役割などが発現されない場合になじむ語で，しばしば「べきだ」「はず」「ならない」などの当為・禁止の表現を伴って〈もともと道理・筋としてそうあるはずだ〉の意を表す。「それは—君が調べておくべきことだ」「—は違反行為のはずだ」「—ならお断りすべきところだ」

上記の三つの辞書の定義や説明をまとめてみると,「本来」には,次のような三つの意味が多義として共存すると言うことができる。

(8) 「本来」
　① ありのままであること。
　② もともと。はじめから。元来。
　③ 当然そうあるべきこと。あたりまえ。

『明鏡』によると，「もともとの性質・役割などが発現されない場合になじむ語で，しばしば「べきだ」「はず」「ならない」などの当為・禁止の表現を伴って「もともと道理・筋としてそうあるはずだ」の意を表す」と説明されているが，(8)の③が価値概念の意味を表している。「ありのまま（＝ある）」と「あるべき」が共存し，「もともと」との意味連携も存在する。

　次に，「当たり前」の辞書による定義をあげると，

(9) 「当たり前」
　『広辞苑』：
　① そうあるべきこと。当然。「そんなことは―だ」
　② ごく普通であること。なみ。「―の服装」
　『大辞泉』：
　① そうあるべきこと。そうすべきこと。また，そのさま。「怒って―だ」
　② 普通のこと。ありふれていること。また，そのさま。並み。ありきたり。「ごく―の人間」「―の出来」

『明鏡』:
① 道理上，そうあるべきこと。当然。「裏切られて怒るのは―だ」「人として―のことをしただけだ」
② 特に変わったところのないこと。普通。「―のやり方では成功しない」「ごく―の人」
◇ 「当然」の誤表記「当前」を訓読みしてできた語。

以上の辞書の定義をまとめてみると、「当たり前」の多義は、以下の二つの意味があることがわかる。

(10) 「当たり前」
① そうあるべきこと。そうすべきこと。
② 普通のこと。ありふれていること。

「当たり前」では、(10) の②が事実概念の意味を表し、①が、価値概念の意味（「あるべき」「するべき」）を表している。

ここまで「本当」、「本来」、「当たり前」などの語の多義を辞書から引用してみたが、どの語にも「あるべき」という価値概念の意味があることがわかる。それぞれの多義性を形成している意味を一般化して抜き出して、「あるべき」という価値概念と結び付く意味の関連図を概略作ってみると、以下のようなものになる。ここで、「あるべき」は、「～であるはず」「～すべき」「～するはず」を代表する意味とする。

(11) 意味関連図

「もともと」
↓
「普通」→「あるべき」←「ある」

「もともと」から「あるべき」のつながりは,「本来」の意味においてみられるものである。「普通」から「あるべき」へのつながりは,「当たり前」の多義において見られるものであり,「ある」から「あるべき」は,「本当」の多義に見られる意味の展開である。この展開の図から理解されることは,「あるべき」という当然・当為の価値領域にいたる意味の道筋が複数存在することである。日本語の上記の語の多義性を分析することにより,私たち日本語話者の意味世界構築のメカニズムのなかには,(12) に整理できるような意味の展開（→ で示す）の筋道がある。

(12) (i) 「もともと～である」→「～であるべきである」
(ii) 「普通～である」→「～であるべきである」
(iii) 「実際に～である」→「～であるべきである」

上記の意味連関において,「ある」というのは,現実の事実（の集合）であり,「普通」というのは,多数ないしは平均的な事実の集合であり,「もともと」というのは,時間的に原点となる事実であると捉えることができる。

このように,言語の多義パタンの考察から,私たちの思考パタ

ンには、「ある」という事実の世界から「あるべき」（当為）の世界に橋渡しがなされるパタンがあることがわかる。そして、この当為という価値的世界は、原初的な事実、現実の事実、多数の平均的事実などの事実的世界から派生していると推測することができる。しかし、単独の一回限りの出来事からいきなり当為の世界への直接的な意味関連ではないだろうという点には留意する必要がある。個々の一回限りの事実ではなく、その事実が、本性の表れであると判断できたり、あるいは、多数の平均的な事実の積み重ねから、個々の事実に通底する規則性や法則性、つまり真実、が抜き出されて、それが、当為のレベルに移行すると考えたほうが正確であろう。

それを以下のように整理しておきたい。ここでは、「…するはずである」と「…するべきである」を区別して、前者を認識レベルの「当然」の意味を代表させ、後者を行為レベルの「当為」の意味を代表すると仮定する。

(13) a. （個々の）事例（事実）→真実（＝本性・法則性）→当然（認識レベル「…のはずである（＝…と認識するべきである）」）
b. （個々の）事例（事実）→真実（＝本性・法則性）→当為（行為レベル「…しなければならない」（＝…の行為をするべきである）

ここで論じている意味の連関性は、日本語の「〜ものだ」とい

う言い方にも見て取れる。『明鏡』には，次のような記述がある。

(14) 「もの」
⑨《助動詞的に》本性，当然，当為などを表す。「だいたいにおいて，夏は暑い―だ」「見られないとなると，かえって見たくなる―だ」「苦労は買ってでもする―だ」

この辞書にあげられている用例の「だいたいにおいて，夏は暑いものだ」という文は，夏の本性が現れた事実を述べた内容，あるいは，多数の夏に経験される平均的な事実から抜き出された夏に関する真実を述べた内容と解釈されるが，「夏は暑くならなければならない」という当為の意味で解釈されることは通常ない。一方，「見られないとなると，かえって見たくなるものだ」では，「本性的事実」「平均的事実」の解釈と同時に，「見たくなるのも当然だ」のように認識的な必然性の表現でも言い換えられるように，「当然」の意味でも解釈できる。最後の用例の「苦労は買ってでもするものだ」になると，「苦労は買ってでもするべきだ」という行為をうながす当為の意味が強く感じられる。

このような意味のつながり，「事実（の集合）」→「真実（＝本性や法則性）」→「当然・当為」という意味連関を一つの語で統一している面白い例がある。たとえば，サンスクリット語の「ダルマ（dharma）」を漢訳した仏教の「法」という語にこれらの意味が統合されている。『大辞泉』によれば，

(15) 「法」（仏語）

　　① 永遠普遍の真理。

　　② 法則。規準。

　　③ 有形・無形の一切の存在。また，その本体。

　　④ 仏の教え。仏法，また，それを記した経典。

　　⑤ 祈祷。また，その儀式。「―を修する」

(15)の①と②が真実・法則性を，③が（法の具体的表れとしての）事実存在一切を，④が行うべき教えということで「当為」の世界を表している。ここで「法」というのは，法則性という意味であり，現象にある法則性が，「あるがまま（自然）」という意味（＝「ある」）において法則であれば，そこから行為が反映されるものであるので，「当然な」（＝「あるべき」）という意味が結びつくと，関連付けることができる。

　さらに，英語のregularという語の多義に上記の関連する意味が多く含まれているという事実を見れば，その意味連関は，言語の意味世界に見られる一般的なパタンの一つであると言っていいだろう。『ランダムハウス』によると，regularに「通常の」（例：put a thing in its regular place（物をいつもの場所におく）），「定期的な」（例：regular service（（列車などの）定期運行）），「慣例［規律，儀礼など］に適った」（例：He had no regular introduction（彼には正式な紹介はなかった）），「正常な」（例：a regular heartbeat（正常心拍）），「規則正しい」（例：regular habits（規則正しい習慣）），

「本当の」（例： a regular statesman（真の政治家））,「本格的な」（例： a regular cook（本職のコック）），など，上記の関連する多義の多くが regular という一つの語に共存するということは，それらの多義が自然な意味関連グループとして存在することを示唆していると言っていいだろう。[2]

3.3. real の意味論

本節では，前節の分析を踏まえて，real という語の意味領域の分析に入りたい。real が，"real life"（実生活）における用法のように，actual と同じような「現実の」という意味で使われるだけなら問題がないが，たとえば，"real education" を「真の教育」ないしは「本当の教育」のような日本語に相当する意味で解釈する場合には，「現実の」という日本語は当てはまらない。[3] 同様に，

---

[2] 人間言語における自然な意味関連グループといったものがいったいどのくらい存在するか，現時点では分からないが，「もともと」–「普通」–「あるべき」という意味関連グループは，prototype の日本語の訳語に登場する。たとえば，『ランダムハウス』によれば，「1.（あるものの基礎・手本となっている）原型（original）；試作品　2. 手本，見本，典型（model, exemplar）　3.（後代の事物の）先がけ，はしり，元祖　4.【生物】原始型，始原型；ある生物集団の基礎と考えられる祖先型」とあるが，ここには，「原型」（＝本来）「典型」（＝通常・正常）「手本」（＝当然）のような解釈および訳語がでてくるのも，相互の意味リンクがあるからであろう。

[3] 筆者が，「現実（の）」の意味での real / reality と actual / actuality の用例を調べた限りで言えば，両者の意味用法の違いには気がつかなかったが，木村敏氏は，ご自身の臨床経験の中から，以下のように，実在（レアリテ）と現実ないし現勢（アクチュアリテ）の区別の必要性に触れている。

"If he had a little more polish, he'd be a real gentleman."（もう少しみがきがかかれば本物の紳士になるのだが）(『活用』）という文では, "a real gentlemen" を「現実にいる紳士」という日本語に解釈することはできず,「真の［本当の］紳士」のような意味で解釈するのが自然である。「現実の」と「真の［本当の］」の意味の違いは, この例でははっきり分かるが, なぜこのような二つの異なる意味が real に共存するのであろうか。「真の」と「現実の」をつなぐ意味のリンクとは何か。

Wierzbicka (1996: 154ff.) によると, 次の例において,

(16) a. my real mother
    b. a real mother to me

「僕は, 実在（レアリテ）と現実ないし現勢（アクチュアリテ）を概念としてはっきり分けるべきだと考えているんです。そう考えるようになったのは, 離人症という症状があるからなんですが, 離人症の場合には, この二つが現象としてもきれいに分かれます。離人症になると, ここに机があるということは分かっているんだけれども, それが本当にあるという実感がなくなります。机があるというのはレアリテで, 本当にあるという実感がアクチュアリテです。離人症ではアクチュアリテがなくなって, レアリテだけが残る。普通の人にとっては, この二つは必ず表裏一体というか, レールなものは同時にアクチュエルでもあるんですけど, だけど僕はこの二つを単純に同一視してはいけないと思うんです。」　　　　　　　　　　　　　　　　　　（木村・檜垣 (2006: 67-68)）
なお, 木村氏（同書: 158) は, 同氏の考察している実在（レアリテ）は,〈もの〉的な実在としてのレアリテであって,「本物」というもう一つの意味のレアリテではないとして, 区別している。本章では, この両者の意味を研究対象として扱うことにする。

(16a) は,「私の生みの母親 (birth-giver))」と「私にとって母親の世話をしてくれた人 (caretaker))」の意味をもつが, (16b) は後者の意味しかもたないことが指摘されている。正式に「母親」とはよばれないが,「母親同然の人」(あるいは「事実上の母親」)がいて, それを "a real mother" という表現で指すことができるということである。「現実の」や「真の」の意味をもつ real から「～同然」や「事実上の～」のような意味が生まれてくるのはなぜか。さらに, "the ideal and the real"(理想と現実)(『活用』) や "we are interested in the study of real people and not just ideals"(私たちの関心事は理想化された人たちだけでなく現実の人たちの研究である)(Jackendoff, *Foundations*, 273) のような表現をみると, ideal と real は意味的な対立を示しており, これらの real は,「現実の」を意味して, 理念的な理想とは対立している。

しかし, "If he had a little more polish, he'd be a real gentleman."(もう少しみがきがかかれば本物の紳士になるのだが)(『活用』) の real のように,「真の」や「本当の」という理念的な意味をもつ real は, 後続する名詞(ここでは gentleman)の表すカテゴリーの理想的で典型的な成員を選び出すベクトルをもっていると考えられるので, ideal に近い意味特徴をもっているように思われる。たとえば, 日本語においても,「この人こそ本当の母親だ」という言い方と,「この人こそ理想の母親だ」という言い方は, 意味の重なりがあるように思われる。real と ideal は,「現実の」と「理想の」の意味では対立するが, real が「真の」,「本当の」ある

いは「あるべき」のような価値評価の意味をもつと ideal に意味が近づくという感じがするのは間違いであろうか。問題は, real が, 現実と理念という, 一見矛盾するような両世界を表せるということからくる「何か」ではないか。以上のような疑問を明確にするために, real の用例を検討しながら, real の意味世界の実相に迫ってみたい。

まず, "a real N" という表現形式の意味のメカニズムを考察してみよう。まず, 考えられるのは, プロトタイプの設定ないしは取り出しという働きである。たとえば, "She is a real beauty." (彼女こそ本物の美女だ)(『活用』)では, beauty (美人) というカテゴリーのプロトタイプつまり代表例を取り出す働きを real はもっている。名実の意味論の表記を用いれば, 一つのカテゴリー内の名実ともに揃った, つまり, [＋名, ＋実], の成員を取り出す働きがあると考えられる。この場合の real には, 日本語の「真の」「本当の」が該当し,「現実の」の意味はあてはまらない (ただし, 日本語の「本当の」はあいまいであるが, それについては, 前節を参照)。次に, "There are countless barriers to real communication." (真のコミュニケーションにとっての障害は無数にある)(『活用』)の "real communication" も,「現実のコミュニケーション」ではなく,「真のコミュニケーション」の意である。「コミュニケーション」の意味の内実にもいろんな段階があると思われるが, その全域のなかから, 名実ともに揃った (つまり, [＋名, ＋実] の)「真の」コミュニケーションに絞り込む働きを real がし

ている。同様な例として，a real friend（真の友），a real friendship（真の友情），a real genius for art（本物の美術の才能），a real hero（真の英雄），a real incentive（真の動機），a real lady（真の淑女），などの real は，すべて，それに後続する名詞の「あるべき」代表的な成員に絞り込む価値評価導入のメカニズムをもっている。

"a real N"という表現形式の意味のほかのタイプを見てみると，「現実の」や，「実際の」，「実の」，「偽りのない」などの日本語に相当する意味を取り出すことができる。これは，同一のカテゴリー内の名実ともに揃った，つまり，[＋名, ＋実], の成員を取り出す働きとは異なり，「現実に存在する」という現実の対象や事象を指示する働きをもつものである。また，「現実に存在する」ということからの帰結として，「本物の」の意味がある（ただし，日本語の「本物」はあいまいであるが，ここでは，「偽物ではない」という意味であることに注意したい。これについては，前節を参照）。例をあげると，"a real Picasso"と言えば，「偽物ではない本物のピカソ」という意味である。これは，「本物」か「偽物」かの二分法の世界に起こる意味現象に沿うもので，いかにもピカソにふさわしい典型的な絵という意味ではない。偽物でない本物のピカソの絵であっても，ピカソらしさという点で諸段階があり，その中から典型例を指示するという用法はここでは当てはまらない。ピカソの絵であれば，ピカソらしさとは関係なく，それを指示するのが，"a real Picasso"の用法である。これを名実の意味

論の表記に従って書くと，[＋名，±実]となる。この表記法はすでに「本当の母親」の表す意味領域について触れたときにも使った表記法であるが，[±実]という表記の意味は，「ピカソの絵らしさ」という価値評価とは無関係であることを表し，本物のピカソか偽物のピカソかを示すという，真偽だけにかかわることを示す便宜的な表記法である。

次に，"This flower is artificial, not real."（この花は造花で本物ではありません）（『ジ英大』）の real も，人工か本物かの二分法の世界に属して，その花が本物であることを意味している。ここでも「らしさ」の段階は設定されていない。また，"the real truth"（ありのままの真実）（『ジ英大』）の real は，現実に存在するかどうかという，やはり同じ二分法の世界の意味を表している。"In real life, most people are fairly law-abiding, either by disposition or because they are afraid of getting caught."（現実の生活では，たいていの人々は性格的なものか，あるいは捕まるのを恐れてか，かなり遵法的である）（『ジ英大』）における "real life" は，「あるべき生活」とか「真の生活」といった，価値評価の加わった意味ではなく，価値評価とは無縁の，現実そのままの生活，すなわち，「実生活」という意味を表している。

ここまで，"a real N" という形式に見られる real の意味を二つ取り出してきた。一つは，"a real friend" に見られるような，後続する名詞（ここでは，friend）の［＋名，＋実］を取り出す価値評価的な働きをするものであった。もう一つは，"a real Picasso"

に見られるように，名詞（Picasso）の［＋名，±実］を表すもので，価値評価とは無縁のもので，現実の本物を指示するものであった。

さて，名実の意味論の表記によれば，そのほかの理論的に可能な意味領域である［＋名，－実］，［－名，－実］，［－名，＋実］が残っているが，それらの意味領域を real は表せるであろうか。「母親」を例にすると，［＋名，－実］の母親は，名ばかりで母親らしいことはしていない母親のことをさすが，このマイナスの評価を受けた母親は，real では指せない。ただし，注意すべきは，価値評価とは無縁の「実の母親」という場合には，real を使うことができる。これは，上記の (16a) の一つの意味 (birth-giver) の場合にあたる。［－名，－実］は，そもそも母親という名でよぶこともなくその内実もない人物であるから，real はもちろん使うことができない。最後に，［－名，＋実］の母親というのは，名こそ母親とはよばないが，母親同然の人のことであるが，(16) の例が示すように，real はこの領域を指すことができる。［＋実］であれば，［名］は＋でも－でもよいということになる。つまり，「母親」という名前で正式によべる，よべないとは別に，その内実が充実していれば，real が使えるというわけである。以上を整理すると，real は次の三つの意味領域をもつことになる。

(17) real の意味領域
    (i)　「現実の」（［＋名，±実］）：「実の母親」

(ii) 「本来の」「真の」（[＋名，＋実]）：「名実ともに備わった母親らしい母親」

(iii) 「事実上の」あるいは「同然の」（[－名，＋実]）：「母親とよばれないが，母親同然の人」

この意味領域は，日本語の「本当の」の意味領域と重なる。すでに述べたように，「本当の母親」は，[＋名，±実] [＋名，＋実] [－名，＋実] の三つの意味領域を指すことができる。言い換えれば，[＋名，±実] と表記される事実概念を意味する場合と，[±名，＋実] と表記される「あるべき母親」という価値概念を意味する場合である。

ここで，reality という名詞の用法をさらに検討して，形容詞 real の意味領域の分析が当てはまるかどうか見てみたい。その場合に，名詞 reality がどのような意味の名詞と対立するかに注目したい。まず，(17i) の real の意味「現実の」に該当する名詞 reality は，(18) の例に見られるように，「現実（に存在するもの）」「実在」「事実」などを指し，価値評価は含んでいない。以下の (18)–(22) の用例は，『活用』による。

(18) a. Americans lived more in myth than in reality.

（アメリカ人は現実の中よりも神話の中に住んでいた）

b. Scholars in their ivory towers often lose touch with reality.

（象牙の塔に閉じこもった学者は現実にうとくなることがよ

くある)

c. believers in the reality of UFOs

(ユーフォーの実在を信じる人たち)

(18a) では，reality は，「(ありのままの) 現実」という意味で，myth (神話) と対立して使われている。ここでは，「あるべき」のような価値評価の意味は参入しないで，現実をそのまま捉える意味で使われている。(18b) も同様で，学者の象牙の塔の世界と対比されるような「現実」が reality で表されている。(18c) は，「現実」というよりも「実際に存在していること」，すなわち，「実在」を意味している。そのほかの類例を一々引用しないが，調査した例を整理すると，(18a) の「神話」のほかに，空想・夢・考え・期待・理想などがこの意味の reality と対立する世界である。

次に，(17ii) と (17iii) の例に該当すると思われる reality の例を考察してみよう。これらの real が表す意味領域は，[＋名，＋実] と [－名，＋実] であるが，「名」(name) だけでなく，さらに，「実」に対立するほかの概念である「形式」や「外見」，「表面」などに拡充して，reality の様相を見ていきたい。この拡充が妥当だと思われるのは，たとえば，(19a) のように，"real feelings"(本当の気持ち) の real (「本当の」) が，"an appearance of neutrality" の appearance (「表向き」) と対立して使われているからである。さて，(19b) では，reality は appearances と対立しているだけでなく，appearances に対して「背後に隠れる」("lie behind") という関係にあることも示されている。(19c) では,動詞 look が意味する「外見」と (in) reality の表す「事実」との対立が表現されている。

(19) a. Whatever your real feelings, you should, as chairman, preserve an appearance of neutrality.
(あなたの本当の気持ちはどうであろうと,議長としての表向きは中立の態度を保たなければならない)
b. the reality which lies behind appearances
(外見の背後にある現実[実体])
c. He looks young, but in reality he is past forty.
(若く見えるが実は 40 を過ぎている)

これらの例が示すように,real や reality には,「外見や表面からは隠れている真相」というコンテクストで使われる場合がある。外見はどう見えようとも,その奥に真実があるという捉え方が,これらの例には表現されている。

ここには,表面から内実に迫り本当の姿を確認するという意味のベクトルがある。実の母親とは別に,あるべき母親,本当の母親に絞り込むプロセスと,さまざまな外見の世界から,真相,真実を取り出すプロセスは同質のものと捉えることができると思われるが,どうであろうか。速断は控えるべきだが,見えるままの表面上の世界 (たとえば,(19c) の「外見の若さ」) から,真実 (たとえば,(19c) の「40 歳を過ぎている」) を絞り出すプロセスは,

すべての母親から真の母親を取り出すプロセスに類似していると言っていいように思われる。ただし，外見で見える世界から真実の世界に絞り込んでいくというベクトルが，「あるべき」という価値評価と同等のものを伴っているかどうかについては，現段階ではまだ不明であり，判断を保留せざるをえない。

次の例では，"in name"と"in reality"が対比され，名実の意味論で言うところの「名」がnameに，「実」がrealityに，ぴったり対応する。

(20) a. He is (a) king in name, but not in reality.
    （彼は王と言っても名だけで実がない）
  b. free in reality as well as in name
    （名実ともに自由な）

(20a)では，「名ばかりで内実のない」王のことが言及されているが，ここでは，「名」と対立する「実」をrealityが表し，名の世界と実の世界の乖離が表されている。(20)の例は，非常に面白いことを明らかにする。それは，「名」の有無にかかわらず，「実」だけをrealityが指せるということである。正式な「名」をもっていて内実をもつものの存在がreal, realityで指すことができるだけでなく，正式な「名」でよばれなくても「実」があれば，「事実上の〜」，「〜同然の人」のことに言及できるのは，上記のようなrealityの属する意味領域の特徴によるということができる。このことは，"in name"と対立して，"in reality"と同じような意味

で用いられる "in deed", "in effect", "in fact" などにも見られる名実の意味現象である。

(21) a. a chief in deed as well as in name
   （名実ともに備わった首領）
   b. in effect if not in name
   （名目はともかく実際において）
   c. It is ... in fact, though not in name
   （名目はそうでなくても事実は … である）
   d. She's the leader in all but name.
   （彼女が事実上の指導者［リーダー］だ）
   e. not only in name [word] but also in deed
   （名目［言葉］上だけでなく実際に）
   f. He is still a professor in name, but he's stopped teaching.
   （今でも名目上は教授だがもう教えてはいない）
   g. They're married in name only.
   （彼らは結婚しているとはいえ名ばかりだ）

name に対立する意味グループが、reality, deed, effect, fact などで、自然の意味グループを形成しているように思われるのが面白い。(21d) のように、"in all but name" が "in reality [deed, effect, fact]" などの意味グループを意味し、「事実上の〜」や「〜同然」という意味領域に属するものを指すことができることがわ

かる。ちなみに，(21e) は，name と同じグループに word が属していることを示している。word が内実（この例においては，deed）と対立する意味で用いられているのは面白い。[4] また，(20f, g) は，"in name" の意味領域だけしか言及されていないが，"in reality" の意味領域に属する内容は，(20f) では，"but he's stopped teaching" が表しているし，(20g) では，その否定文 "They are not married" が，名目の世界と対立する内実の意味として含意されていると考えらえる。

最後に，「事実上」「同然」という日本語の表現の表す意味領域のあいまいさにふれて，その意味論的分析をしておきたい。名実の意味論では，「名」と「実」の乖離現象に伴って複数の意味領域があることを主張し，「名」が二分法による世界であることに対し

---

[4] 「名」や「語」などの縁語である「文字」を使った「文字通り」という表現には，興味深いことに，「本当に」の意味と重なりがある。
(i) 今日は文字通り一文無しだ（I'm literally penniless today.）
（『新和英大』）
この文を「今日は本当に一文無しだ」と言い換えても意味はほとんど変わらない。英語の literally にも，『ジ英大』によると，「①文字どおりに，逐語的に ②《略式》[強意語として] 本当に，まったく，実際は」の意味があげられている。②の用例として，次の例があがっていて，日本語の「文字通りに」と同じ意味のメカニズムがあることがわかる。
(ii) The fortress was literally destroyed.
（その砦は完全に破壊された）
『日本語大シーソーラス』によると，「文字通り」は，次の四つの意味グループに属している。
(iii) [A] 全く [B] 真実 [C] 実態 [D] 名実相伴う
特に興味を引くのは，「[D] 名実相伴う」のグループである。「文字通り」がなぜ「名実相伴う」になるのか面白い問題である。「名」はすでに本文で述べたように，二分法の世界で，その名をもつかどうかという二者択一であるが，「名ば

て「実」の世界が多価値世界であるということも併せて述べてきた。この「事実上」とよばれる意味領域は、この「名」の二値世界と「実」の多値世界のずれから生まれてくる意味現象ではないかと思われる。つまり、「名」を正式にもつことはないが、「実」があるときに、「事実上」という語が登場してくる。「名」を正式にもつ段階になっていれば、それは、「事実上」ではなく、「事実」として認定される。たとえば、野球の試合で、9回表で10点のリードをしているときに、「事実上の勝利」とか、「もう勝ったも同然」などと言える。そして、9回裏の相手チームの攻撃が逆転なく試合が終了したときは、「事実上の勝利」ではなく、事実としての、つまり、正式の「勝利」となる。[5]

かりの～」という言い方には、「内実」の伴わないもののグループが属している意味領域で、「名実ともに備わった～」とは価値評価が対立する。つまり、この「名」は、「実」と対立する意味をもつ。しかし、それに対して、「名は体を表す」や「名にし負う」の「名」の意味は、「名ばかりの」や「名実ともに備わった」の「名」とは違っている。『明鏡』によると、次のように定義されている。
 (iv)「名は体を表す」: 名前というものはその中身・実質をよく表すものだ。
   「名にし負う」: その名も有名な。その名にふさわしい。
「名は体を表す」「名にし負う」のような熟語に現れる「名」には、「名」だけでなく「実」も伴った意味があるように思われる。したがって、「名」はあいまいで、「形式」のみに焦点が当てられる場合と、「形式」と「内容」をあわせもつ意味を有する場合があると言えるのではないか。一方、「文字通りの」が「名実ともに備わった」の意味をもつということは、「文字」には、「形式」と「内容」がともに備わっているという意味があると言うことができる。

[5] ただし、9回表で10点のリードをしている段階でも、「もう勝った」のように、まるで、事実であるかのような言い方も実際にはある。「事実上の～」という段階が、「事実」として表現される使用法があることにだけここではふれておきたい。

「事実上の」の英語対応表現として，real, virtual, practical などがあげられるが，real と virtual が日本語の「事実上の」に同じく対応するということが何よりの疑問である。real と virtual は，たとえば，光学用語の a real image（実像）と a virtual image（虚像）のように，対立する意味をもっているにもかかわらず，両語が「事実上の」という意味を共有するように見えるのはなぜかという疑問である。

まず，virtual 関連の用例をいくつかあげてみよう。

(22) a. be in virtual bankruptcy
 （事実上破産状態である）
 b. The earthquake virtually destroyed the church.
 （その地震でその教会はほとんど壊滅した）
 c. Don't worry: the stain is almost [practically, virtually] invisible.
 （気にしないで。そのよごれはほとんど見えないよ）

(22a) では，「破産」という「名」が正式につけられていないが，内実は，ほぼそれに近いという状況を virtual が表しているように思われる。内実の近似値の世界を virtual が表していると言える。(22b) でも完全な壊滅ではなく，壊滅に近い状態，すなわち「ほとんど」壊滅した状態を表している。(22c) を見るとわかるように，virtually の代わりに almost や practically が用いられて，「ほとんど」という近似値の意味が表されている。もし，この

virtualやvirtuallyの代わりにrealやreallyを用いたら、意味は変わり、「本当の」や「本当に」の意味で、内実は近似値ではなく、100％実現していると解釈されるだろう。したがって、realもvirtualもいずれも「事実上」という世界を表せるという主張だけでは不十分であると言える。

　もう一度、言語事実を振り返ってみると、realの意味を「事実上の〜」や「〜同然」と解釈した例は、(16)の例であり、母親という名はないが、母親と変わらぬ世話をする人を、「事実上の母親」あるいは「母親同然の人」と理解したわけである。"a real mother"は、母親という名こそないが、内実は「母親らしい母親」と同じ内実をもつ人を指しており、virtualの場合のような「近似値」の世界ではなく、「完全」な内実をもつ人が、日本語では、「事実上の母親」とか「母親同然の人」と理解されたと考えるのがおそらく真相であろう。ちなみに、母親と変わらない内実をもっているBさんに言及するときに、「実の母親はAさんだが、Bさんが本当の母親だ」のように言えるが、それと同義の言い方として、「実の母親はAさんだが、Bさんが事実上（の）母親だ」、「実の母親はAさんだが、Bさんが母親同然の人だ」のように言い換えられる。つまり、「本当の母親」＝「事実上の母親」＝「母親同然の人」という等式が、realの場合には成立する。

　それに対して、virtualの表す「事実上」の世界は、名もないが、内実も十分ではなく、まだ潜在的な段階にあるのを「事実上」とよんでいるのではないかと思われる。たとえば、先ほども取り上

げた野球の試合の例で，9回表で10点差で勝っている場合には，「事実上，勝った」「勝ったも同然」のように言えるが，この状況は，virtualの世界であって，realの世界ではないと言えるだろう。realは100％の内実をもっていることが条件になる。したがって，同じように「事実上の～」という日本語の表現になったとしても，virtualの場合とrealの場合では，「実」の中身が違うと考えるのが妥当ではないかと思われる。virtualの意味を生み出すベクトルの一つは，今述べたように，近似値であるのにもかかわらずそれを事実同然と見なす方向であるが，もう一つのベクトルは，事実同然のように見えても，実は実像ではなく虚像であるという逆方向をもつベクトルであり，その意味のベクトルがvirtualのほかの意味である「仮の」とか「虚の」という意味で捉えられていると言えるのではないだろうか。その結果，virtualの意味に，「事実上の」と「仮の」が共存することになったと思われる。

3.4. リアルの深層

以上のように考察を進めてくると，概念の意味内容は価値評価によって規定されている場合が少なくないのではないかという問題が浮かび上がってくる。たとえば，「常識」という言葉の使い方を見てみると，「それは常識だ」という場合に，「それ」が，ある知識的な事実（たとえば，「日本人は多くが無宗教だ」という知

識)を指す場合もあれば，ある行為的な事実（たとえば，「試験の前夜に勉強する」という行為）を示す場合もあるが，「試験の前夜に勉強するのは常識だ」という一般的な事実が「試験の前夜に勉強すべきである」という当為に移行するのは自然な思考の流れであるといえる。事実から当為への意味の変化はこのように自然な流動性をもったプロセスであると言うことができるだろう。

「自己」「自分」などの概念を構成していると思われる意味要素にも，当為の内容が含まれることが多いと思われる。「自分とは？」と定義するときに，自分の常態の特徴（良し悪しを問わず，習慣的な自分の実際の考え方や行動）を取り出す場合もあるであろうが，一方で，「こうありたい」自分，あるいは，周囲から「こういう人間と思われたい」という願望的性質や「こうあるべきだ」と規制するような「自分」の特徴をその規定に導入する場合もあるだろう。このように，事実を述べる「記述的」(descriptive)な意味態度とは別に，「願望的」「理想的」「当為的」などの意味態度は私たちの言語の意味の世界や行動の世界に無視できない程度まで広がっているということが予想される。「記述的」というのは，従来から「真偽」，つまり，事実を表しているかどうかという，真理条件的な意味を形成する意味領域であるが，この真偽値とは別に広がる価値的・要望的・当為的な意味領域の真相を解明する意義は大きいであろう。

すでに見てきたように，日本語の「本当（の）」や，英語のreal, realityの表す意味（以下，まとめて「リアル」と略記）には，「あ

る」と「あるべき」の二重の意味領域がある。すなわち、「事実」や「実際」という現実を表す事実概念の「リアル」と、「本来性」や「真」という価値概念の「リアル」の二つの意味領域がある。上記の分析で、言語体系内における「リアル」の意味の仕組みはかなり明確になってきたと思われる。その点で、「リアルに関する問題」のいくつかは取り上げることができるようになり、それに関する分析や説明も可能になったと言っていいだろう。

　しかし、「リアルという問題」がある。これは言語を使う人間であるゆえに起こる人間の本質的な問題の一つである。「リアル」は一方で、「現実」を意味すると分析したが、われわれにとってリアルな現実とはそもそも何かという問題がある。「現実」のリアルはあるがままの現実を指すと通常考えられているが、われわれにとって「あるがまま」とは何か。現実そのものという言い方をするときに、〈身分け構造〉〈言分け構造〉という2種類のフィルターを通して向き合うものが「現実」の「あるがままの世界」にほかならない。また、一方で、「あるべき」や「真」の内容は、言語的な意味体系の内部にとどまらず、われわれの主観的な価値的概念世界とつながっている。「真の、あるべき、本当の」のリアルは、〈身分け構造〉〈言分け構造〉を基盤にして、さらに、〈選り分け構造〉という恣意的で主観的なフィルターがかかっている。前節の終わりで、100％の内実が実現したときがリアルであると述べたが、果たしてどれだけの意味特徴が実現すれば100％と言えるのか、また、100％の意味の充実と判断できる根拠はどこにあ

り，誰が判断を下すのかという根本の問題がある。

　そもそも，二値世界である「名」の世界に対して，「実」の世界は多値世界であり，意味内容の世界は充実度の段階差をもつ流動的な世界である。「事実」や「実際」の世界から価値評価を伴った「リアル」，すなわち「真（あるいは，本物）」，を絞り込むプロセスには幾重もの要因がからんでくる。拙稿（1996）でふれたように，「らしさ」の意味基準の設定が個人差や時代差や地域差や自我中心性などによって恣意的に変動すると同じように，「本物」を取り出す基準も恣意的で主観的なものになりやすく，また，時代や地域，個々人の価値観などの違いによって変わるという問題がある。「本物の母親」を決める絶対的で客観的な基準はないように思われる。恣意的に主観的に絞り込みをしていく際に，さらに加えて，自分にとって都合がいい自我中心的な基準が選ばれる可能性もある。このように恣意的に主観的に，そして，自我中心的に，「リアル」な「母親」が選ばれるということは決してまれではない。

　言語内部におけるリアルの意味の仕組みが人間言語がもつ三つの構造化（〈身分け〉〈言分け〉〈選り分け〉）というフィルターをもつ限り，人間にとってリアルというものは，その恣意的な分節行為によって創出されたものであるということが当然ながら想定される。しかし，このような恣意的なリアルを創り出す言語を越えた，あるいは，その言語を含みながら越える世界があり，そこに真のリアルがあるという主張が禅仏教者の秋月龍珉（1996）に

よって述べられている。少し長くなるが、以下に引用したい。

「中諦の「如」に直参する者にとっては、感性・知性のほうがかえって観念の構成物であり、霊性的世界こそ真に具体的なよりリアルな世界だということが分かる。それが我々の実存の在処(ありか)としての現実の歴史的世界の根源的な在り方である。思えば、我々の宗教的要求の存在理由は一にして此処(こゝ)(根源的世界)にあったのである。感性・知性の世界だけにいる人間がそれに満足しないで何となくもの足りぬ、不安の気分におそわれるのは、そのためである。(中略)このようにして霊性的世界に目覚めるとき、いな、霊性的世界が感性・知性の世界に割り込んでくるとき、我々の日常一般の経験体系がまったく逆になる。「橋は流れて水は流れず」、「花は紅ならず柳は緑ならず」ということになる。それは「平等」の世界が「差別」の世界に割り込んでくるとき、我々の今までの経験をみな否定するからである(仮諦から空諦へ)。

感性・知性の世界と霊性の世界とは、絶対に矛盾して絶対に相容れない。この矛盾は、あるいは我々の知性の上から働き、またあるときは我々の惰性の中へもぐり込んできて、我々を悩ます。そのとき、人はかの一者の懐に帰るまではけっして安きを得ない。しかし、いったん"そこ"に帰ってみれば、先に非真実の夢幻性だと思い捨てたものが、ひっきょうするに、またかならずしもそうでなかった、というこ

とになる。霊性は一方において絶対に感性的経験を否定するけれども、感性的世界はこの否定の故に、かえって真に霊性の中に"妙有"としてそのまま生かされる。「花は紅に柳は緑に」、「柱は縦に敷居は横に」である（空諦から中諦へ）。」

(秋月 (1996: 50-52))

上記の引用で「我々の日常一般の経験体系」とよばれているものは、感性・知性の世界で、「差別」の世界に属するものであるとされているが、これは、私たちの日常の言語により構造化され認識される世界のことを言っていると思われる。これまで見てきたように、人間にとって、三重の構造化、すなわち、〈身分け構造〉、〈言分け構造〉、〈選り分け構造〉が感性的・知性的世界、すなわち、対立と差別の体系を創り出す仕組みであるが、秋月氏はこの方式で探究されるリアルとは異なる真に具体的な、よりリアルな世界が霊性的世界であると主張されている。

そして、霊性的世界と感性的世界の関係に関しては、「霊性は一方において絶対に感性的経験を否定するけれども、感性的世界はこの否定の故に、かえって真に霊性の中に"妙有"としてそのまま生かされる」と述べられている。そして、「霊性的世界などというと、人は何かそんな世界があって、この世界とかの世界との二つの世界が対立するように考えるが、事実は「一真実の世界」（鈴木大拙の語）があるだけなのである」（同書：52—傍点は原著者）。このリアルな世界は、日常の言語の作り出すリアルの世界とは大

きく異なるものであり，日常的なレベルでの言語的理解を超えているものであるが，リアルという問題を探究する上では極めて重要な逆光であると思われる。ここには，日常の私たちの言語がもつ絞り込み型の真理・理想探究の罠を超えるヒントがあるかもしれない。

　これまでカテゴリー形成の仕組みを見てきたが，概略を言えば，そこには差異化による恣意的な絞り込みのプロセスが展開する。〈身分け〉により，ヒトという種特有によるカテゴリー化がなされる。この時点で他の種の動物とは違うゲシュタルト化がなされる。人間の場合にはさらにコトバにより，否定的な差異化を用いて第二のゲシュタルトである〈言分け構造〉が生まれる。さらに，本書で提案したように，同一カテゴリーの中に，中心と周縁という価値評価による差異化がなされ，〈選り分け構造〉という第三の構造化がなされる。これも差異化による恣意的な絞り込みである。他の項を否定しながら，かつ，恣意的に対象を絞り込んでいく私たちの精神の向かうベクトルがここにあると言っていい。これは，対象そのものにはない境界線を人間が恣意的に勝手に引くことによって，周縁を排除しながら中心を絞り込み，本来の対象世界にはないものを設定し，それに固着するという趨勢を生み出しやすいベクトルである。言語が本来もつ恣意性という特性ゆえに，現実から遊離して人間独自に主観世界を生み出すという方向を断ち切るということも意識的に工夫していく必要性もある。これはカテゴリー化という問題を自覚するためにも大切である。

最後に,「カテゴリー化という問題」を意識させてくれる道元の言葉を引用して本章を終わりにしたい。道元は,『正法眼蔵』(「現成公案」) において, 有名な次の言葉を述べている :「仏道をならふといふは, 自己をならふ也。自己をならふといふは, 自己をわするるなり。自己をわするるといふは, 万法に証せらるるなり。万法に証せらるるといふは, 自己の身心および他己の身心をして脱落せしむるなり」(現代語訳「仏道をならうとは, 自己をならうことである。自己をならうとは, 自己を忘れることである。自己を忘れるとは, よろずのことどもに教えられることである。よろずのことどもに教えられるとは, 自己の身心をも他己の身心をも脱ぎ捨てることである」(増谷 (2004: 44)))。ここにおいては, 私たちの言語が導く常識の世界とは逆なるベクトルをもつ心的活動, つまり, 脱自我中心性, 全体性, 開放性, 受動性などの特徴がある世界があることを伝える言葉である。「リアルという問題」に目覚めて, 人間の心と言語のもつ功罪の両面性に絶えず目覚めているために必要な逆光の思索エネルギーを感じる。私たち人間には言葉をもつ故にもつことになる人生の諸問題がある。人間の基盤である言葉そのものにある問題に目覚めることは, 人間そして人生の理解の基本であろう。言葉がもつ問題, その一つが, 本章の「リアルという問題」であったが, 言語の基盤に原因をもつ問題であることが判明した。この問題は, 果たして人間に解決することができる問題であるのかないのか, 解決できるとしたらどのような方法があるのかはまだ疑問であるが, 道元の体験と思索,

ひいては，仏教の知見に基づく言語学を築くことができるかどうか，を筆者の今後の課題にしてみたい。

あとがき

　本書では,「人生の意味論」というタイトルのもとで, 言語によるカテゴリー形成の仕組みに光をあててきたが, これは言語の世界だけの問題ではなく, 私たちの人生が言語によって織りなされていくプロセスでもあることを忘れてはならない。カテゴリー化にいたるプロセスの概略を言えば, そこには差異化による絞り込みのプロセスが展開する。〈身分け〉により, ヒトという種特有のカテゴリー化がなされる。この時点で他の種の動物とは違うゲシュタルト化がなされる。人間の場合にはさらに言語により, 否定的な恣意的差異化を用いて第二のゲシュタルトである〈言分け構造〉が生まれる。さらに, 本書で提案したように, 同一カテゴリーの中に, 中心と周縁という価値評価による差異化がなされ,〈選り分け構造〉という第三の構造化がなされる。これも差異化による恣意的な絞り込みである。他の項を否定しながら, かつ, 恣意的に対象を絞り込んでいく私たちの精神の向かうベクトルがここにあると言っていい。これは, 対象そのものにはない主観的な境界線を人間が恣意的に引くことによって, 周縁を排除しながら中心を絞り込み, 本来の対象世界にはない典型や理想を設定し, それに固着するという趨勢を生み出しやすいベクトルである。

日本語の表現である「男らしい男」にしても「女らしい女」にしても，そのような主観的で恣意的な判断によって，その意味が絞り込まれて形成される。これは絶対的・客観的な基準によって決められるわけではなく，その時代や個人の好みなどの主観的な判断も加わって決定される。この恣意性・主観性という特徴に，自我中心性という旧来の人間心理が重なると，自分に都合のよい恣意的な基準によって典型が決められることになる。さらに悪いことに，この典型性には，いつのまにか，価値評価が忍び込み，「理想性」あるいは「本来性」というものにすり替えられたり，容易に移行してしまうことが多い。この理想性は，単なる事実認定ではなく，「男は〜であるべきである」とか「女は〜であるべきである」というように，人の行動を「（主観的）理想」へと規制するような力さえもつようになる。

　さらに，まずいことに，正しさとか真理というものは，雑多なものを切り捨てて純粋なエッセンスへと絞り込んでいくプロセスによって得られるという暗黙の前提が重なりやすいことである。このエッセンスへの排除と凝縮というプロセスは，プロトタイプ効果と非常によく似ているベクトルをもっているように思われる。たとえば，'to the point' とか「的を射ている」等の表現からも窺えるように，point（点）や的のような，非常に小さいものが真理であり，そこに到達するための絞り込みが真理研究であるという発想が私たちにはあるように思われる。まず，狭き門より入り，「点」のように狭い領域まで絞り込む努力を続けていくこと

が，真理探究であり，また,「典型」・「理想」の探究であると無意識に思い込んでしまうことによって，そのプロセスに忍び込んだ自我中心性・主観性・虚構性などの否定的側面が隠され,「～であるべきである」という「典型」の設定およびその正当化がなされる。

そして，皮肉なことに，正しいと思うがゆえに，それに固執し，硬直化する（「聞く耳をもたない」）ことからくる人生の悲劇が数多くこの人生にはあるように思われる。確かに，理想を目指すということは望ましいこととされるが，だからこそ，そこに落とし穴もある。典型例だけを絞り出すために，さまざまなものを「曖昧なもの・雑多なもの・不純なもの」と恣意的に価値評価し，そして，次々と切り捨てていくメカニズムが，自我中心的な硬直化した心の姿勢をいつのまにか作りだしてしまうことがあるという点に気づくことは，人生の意味作りをしている私たちには不可欠なことではあるまいか。あのシェイクスピアの『リア王』にあるように，リア王の心の中に生まれた硬直化した狭隘な自分勝手な「望ましい（理想的）娘」という考えの押しつけから始まる悲劇も，この理想性の衣を着た自我中心的な欲望という落とし穴ゆえの悲劇ではあるまいかと筆者は解釈している。

本文の最後に引用した道元の言葉は，上に述べた言語が導く常識の世界とは逆のベクトルをもち，大いなるものに身をゆだねて得られる智慧の特徴である脱自我中心性，全体性，開放性，受動性などの特徴をもち，私たちの陥りがちな凝集型の理想・真理探

究の罠を超え出ていくための一つの試みを提示してくれているように思える。このような逆光のもつ思索のエネルギーに，自らの経験を通して感応道交することによって，人間の心と言語のもつ功罪の両面に絶えず目覚めていたいと思うし，また，言葉の意味論のみならず，言葉をもつゆえに人間が織りなしていく人生の意味論の探究者でもあり続けていきたいと思う。

参考文献

Aitchison, Jean (1987) *Words in the Mind: An Introduction to the Mental Lexicon*, Basil Blackwell, Oxford/New York.

赤坂憲雄 (1992)『異人論序説』(ちくま学芸文庫), 筑摩書房, 東京.

赤坂憲雄 (2002)『境界の発生』(講談社学術文庫), 講談社, 東京.

秋月龍珉 (1978)『一休・正三・盤珪・良寛』(秋月龍珉著作集 3), 三一書房, 東京.

秋月龍珉 (1996)『絶対無と場所——鈴木禅学と西田哲学』青土社, 東京.

Aarts, Bas, D. Denison, E. Keizer and G. Popova, eds. (2004) *Fuzzy Grammar: A Reader*, Oxford University Press, Oxford.

Black, Max (1993) "More about Metaphor," in Ortony (ed.) (1993), 19-41.

Clark, Eve V. (1974) "Normal States and Evaluative Viewpoints," *Language* 50, 316-332.

Collins COBUILD English Dictionary for Advanced Learners, 3rd ed., 2001, HarperCollins.

『デジタル大辞泉』小学館, 東京.

Fillmore, C. J. (1971) "Types of Lexical Information," in Steinberg et al. (eds.) (1971), 370-392.

Grice, H. P. (1989) *Studies in the Way of Words*, Harvard University Press, Cambridge, MA.［清家邦彦 (訳) (1998)『論理と会話』, 勁草書房, 東京.］

福井直樹 (編訳) (2012)『チョムスキー言語基礎論集』岩波書店, 東京.

細見和之 (1996)『アドルノ——非同一性の哲学』(「現代思想の冒険者たち 15」), 講談社, 東京.

『ジーニアス英和大辞典』小西友七・南出康世 (編集主幹), 2001-2004,

大修館書店,東京.

Jackendoff, Ray (2002) *Foundations of Language—Brains, Meaning, Grammar, Evolution*, Oxford University Press, Oxford.

唐木順三（編）(1969)『禅家語録集』(「日本の思想」第 10 巻), 筑摩書房, 東京.

河西良治 (1982)「否定に関するノート」『中央大学文学部紀要』 文学科第 49/50 号, 31-71.

河西良治 (1993)「語彙的原理としての暗黙の前提」『英語英米文学』第 33 集, 233-266, 中央大学英米文学会.

Kasai, Ryoji (1995) "The Pragmatics of Zero: Situatedness and Evaluation,"『長谷川欣佑教授還暦記念論文集』, 399-411, 研究社, 東京.

河西良治 (1996)「人生の意味論：「らしさ」の言語学」『中央大学文学部英米文学研究』第 14 号, 1-3, 中央大学文学部英米文学会.

河西良治 (1998)「「価値評価」の意味論について」『中央大学文学部紀要』文学科第 82 号, 1-34.

河西良治 (2000a)「否定」『文 I』(「現代の英文法 第 4 巻」, 長谷川欣佑ほか, 227-299, 研究社, 東京.

河西良治 (2000b)「*少ししか食べるわけではない──記述否定とメタ言語否定」『月刊言語』11 月号, 59-64.

河西良治 (2002)「多重境界線と意味」『英語青年』6 月号, 172-173.

河西良治 (2003)「意味の境界をめぐって」『中央大学文学部紀要』 文学科第 92 号, 155-183.

Kasai, Ryoji (2005) "On Evaluation in Categorization,"『言語研究の宇宙──長谷川欣佑教授古稀記念論文集』, 今西典子ほか (編), 101-111, 開拓社, 東京.

河西良治 (2006)「名実の意味論──カテゴリー化という問題」『中央大学文学部紀要』文学科第 98 号, 87-126.

河西良治 (2007)「類似性の意味論」『中央大学文学部紀要』 言語・文学・文化第 100 号, 17-54.

河西良治 (2009)「名実の意味論──リアルという問題」『中央大学文学部

紀要』言語・文学・文化第 104 号，91-129.

河西良治 (2010)「否定：対立と超越」『否定と言語理論』，加藤泰彦・吉村あき子・今仁生美（編），443-461, 開拓社，東京.

河上誓作（編著）(1996)『認知言語学の基礎』研究社，東京.

木村清孝 (2015)『『正法眼蔵』全巻解読』，佼成出版社，東京.

木村敏 (1973)『異常の構造』（講談社現代新書），講談社，東京.

木村敏 (1998)「リアリティとアクチュアリティ」『分裂病の詩と真実』，木村敏（著），127-164, 河合文化教育研究所，名古屋.

木村敏・檜垣立哉 (2006)『生命と現実：木村敏との対話』河出書房新社，東京.

『広辞苑（第五版）』新村出（編），1999, 2003, 岩波書店.

小松和彦（編）(2001)『境界』（「怪異の民俗学」第 8 巻），河出書房新社，東京.

Lakoff, George (1972) "Hedges: A Study in Meaning Criteria and the Logic of Fuzzy Concepts," *CLS* 8, 183-228.

Lakoff, George (1987) *Women, Fire, and Dangerous Things*, University of Chicago Press, Chicago. ［池上嘉彦・河上誓作ほか（訳）(1993)『認知意味論』紀伊国屋書店，東京.］

Lakoff, George (1993) "The Contemporary Theory of Metaphor," in Ortony (ed.) (1993), 202-251.

Lakoff, George and Mark Johnson (1999) *Philosophy in the Flesh*, Basic Books, New York.

Longman Dictionary of Contemporary English, 1st ed., 1978, 3rd ed., 1995, Longman, London.

増谷文雄（全訳注）(2004)『正法眼蔵（一）』（講談社学術文庫），講談社，東京.

松本曜（編）(2003)『認知意味論』（「シリーズ認知言語学入門 第 3 巻」），大修館書店，東京.

丸山圭三郎 (1981)『ソシュールの思想』岩波書店，東京.

丸山圭三郎 (1983)『ソシュールを読む』岩波書店，東京.

『明鏡国語辞典』北原保雄, 2002-2006, 大修館書店.

中村元（監修）(2004)『般若心経の世界』（堀内伸二解説）, 学習研究社, 東京.

中村捷・金子義明・菊池朗（1989）『生成文法の基礎──原理とパラミターのアプローチ』, 研究社出版, 東京.

中村捷・金子義明・菊池朗（2001）『生成文法の新展開──ミニマリスト・プログラム』, 研究社出版, 東京.

中村雄二郎・木村敏（監修）(2001)『講座・生命第5巻：特集「場所」をめぐって』, 河合文化教育研究所, 名古屋.

西谷啓治（1991a）『正法眼蔵講話 I』（「西谷啓治著作集 22」）, 創文社, 東京.

西谷啓治（1991b）『正法眼蔵講話 II』（「西谷啓治著作集 23」）, 創文社, 東京.

『日本語大シソーラス──類語検索大辞典』, 2003-2006, 大修館書店, 東京.

小川隆（2016）『「禅の語録」導読』（「禅の語録第 20 巻」, 筑摩書房, 東京.

Ortony, Andrew, ed. (1993) *Metaphor and Thought*, 2nd ed., Cambridge University Press, Cambridge.

Oxford Advanced Learner's Dictionary of Current English, 5th ed. 1995, 6th ed. 2000, Oxford University Press, Oxford.

『プログレッシブ英和中辞典』（第 2 版）小西・安井・國廣編, 小学館, 東京.

Quirk, Randolph et al. (1985) *A Comprehensive Grammar of the English Language*, Longman, London.

『ランダムハウス英和大辞典（第 2 版）』, 小学館, 東京.

『リーダーズ英和辞典（第 2 版）』松田徳一郎編集代表, 1999, 2006, 研究社, 東京.

『リーダーズ・プラス』松田徳一郎編集代表, 1994, 2006, 研究社, 東京.

『ロイヤル英和辞典』宮部菊男・杉山忠一編, 1990, 旺文社, 東京.

斉藤慶典「「アクチュアリティ」の／と場所──中村・木村対談によせて」

中村・木村（監修）(2001), 59-90.

『新編英和活用大辞典』市川繁治郎編集代表, 1995, 2006, 研究社, 東京.

『新和英大辞典』（第5版）2003, 2006. 研究社, 東京.

『新和英中辞典』（第5版）Martin Collick・David P. Dutcher・田辺宗一・金子実（編）, 2002, 2003, 研究社, 東京.

『詳解国語辞典』山口明穂・秋本守英（編）, 1985, 旺文社, 東京.

Steinberg, D. O. and L. A. Jakobovitz, eds. (1971) *Semantics: An Interdisciplinary Reader*, Cambridge University Press, Cambridge.

菅井三実 (2003)「概念形成と比喩思考」辻（編）(2003), 127-182.

鈴木大拙 (2010)『日本的霊性（完全版）』(角川ソフィア文庫), 角川学芸出版, 東京.

Sweetser, Eve E. (1990) *From Etymology to Pragmatics: Metaphorical and Cultural Aspects of Semantic Structure*, Cambridge University Press, Cambridge.［澤田治美（訳）(2000)『認知意味論の展開：語源学から語用論まで』研究社出版, 東京.］

谷口一美 (2003)『認知意味論の新展開——メタファーとメトニミー』(「英語学モノグラフシリーズ20」), 研究社, 東京.

玉城康四郎（責任編集）(1974)『道元』(日本の名著7), 中央公論社, 東京.

玉城康四郎 (1993)『現代語訳 正法眼蔵（一）』, 大蔵出版.

The Concise Oxford English Dictionary, 10th ed., 2002, Oxford University Press, Oxford.

辻幸夫（編）(2003)『認知言語学への招待』(「シリーズ認知言語学入門 第1巻」), 大修館書店, 東京.

寺澤芳雄（編）(2002)『英語学要語辞典』研究社, 東京.

瓜生津隆真 (2004)『龍樹——空の論理と菩薩の道』大法輪閣.

Wierzbicka, Anna (1996) *Semantics: Primes and Universals*, Oxford University Press, Oxford.

山口昌男 (2000)『文化と両義性』(岩波現代文庫), 岩波書店, 東京.

索　引

1. 索引は事項，人名，語句に分けてある。それぞれ，日本語はあいうえお順，英語は ABC 順に並べてある。
2. n は脚注を表し，数字はページ数字を示す。

事　項

[あ行]

あいまい性　43, 46, 64, 90, 123
新しい文（novel sentence）　26
当たり前　152
ある　152
あるがまま　109
あるべき　152
あるべきよう　109
暗黙の語彙（的）原理　1, 7
意識　30
異端分子の創成・排斥　59
一般原理　11, 14, 26
一般的な語彙原理　27, 29
イディオム　10, 26, 30
イディオム用法　3, 15
意味（meaning）　59, 75, 76, 117
　意味の延長　9
　意味の深さ　35

意味関連図　152
意味されるもの　81
意味するもの　81
意味特徴　76, 77
　意味特徴の束　75, 76
隠喩的　112
内　118
「内」と「外」　112
内なる境界線（inner boundary）
　40, 45, 71
選り分け構造　94, 102, 103, 129,
　135, 136, 174, 177, 178
円周　110, 112
延長（extension）　6

[か行]

下位語（hyponym）　84
外部境界線（outer boundary）
　40, 80, 90, 98, 115, 134
外部対立　48

外部否定 (external negation) 51, 59, 115
開放性 179
形 17, 29
価値 97, 98, 131, 135
価値概念 144, 147, 148, 151, 163
価値参入 27, 65
価値評価 (evaluation) 2, 12, 13, 17, 26, 27, 29, 38, 56, 64, 65, 94, 97, 98, 102, 108, 135, 178
 価値評価の意味論 1
 価値評価の参入 39
カテゴリー (category) 38, 40, 48, 76, 102, 117, 122
 カテゴリーの純粋化・同一化 108
 カテゴリーの成員資格 99
 カテゴリーの中心と周縁 60
 カテゴリーの内部構造 83
カテゴリー化 (categorization) 47, 59, 65, 95, 107, 108, 129, 178
 カテゴリー化という問題 47, 109, 178
カテゴリー外否定 48
カテゴリー内における成員資格 82
カテゴリー内否定 48
カテゴリー内部の差異化 39, 40, 60, 61, 92, 132
カテゴリー判断 65
含意 (implicature) 71
感性的世界 177
願望的 173
換喩 (metonymy) 20
記号論的還元 104
記述的 (descriptive) 173
基層原理 26, 30, 31, 33, 35
境界 105, 110, 118, 120, 123, 125
境界線 110, 112, 178
 境界線の流動性 113
境界線領域 65
境界論 110
協調の原理 (cooperative principle) 70, 92
均質的 48, 56
近接関係 (contiguity) 20, 92
空間概念 8, 26
形式 (form) 59
ゲシュタルト (Gestalt) 95, 178
健康 30
言語能力 (competence) 26
現実ないし現勢（アクチュアリテ） 156n
語 (word) 59
肯定／否定という対立性 110
「肯定的」評価 110
言分け構造 94, 95, 102, 129, 136, 174, 177, 178
語用論 (pragmatics) 70, 92
コンテクスト (context) 9, 12

[さ行]

差異化 38, 56, 107
三種類のあいまい性 124

恣意性 (arbitrariness)　81, 96, 98, 104, 178
恣意的な (arbitrary)　77
シーニュ　96
自己　179
指示 (reference)　39
指示対象 (referent)　76, 77
事実　128, 137, 139
事実概念　144, 147, 148, 151, 163
事実上　171
自然な　19
実　48, 78, 79, 131, 142, 144
実在 (レアリテ)　156n
実体化　104
シニフィアン　59, 81, 81n, 82n, 96, 102
シニフィエ　59, 81, 81n, 82n, 96, 102
周縁　118, 120, 178
周縁領域　65, 105, 115
受動性　179
純粋化　59
上下関係　90
　上下関係あるいは包摂関係 (hyponymy)　84
常態 (normal state)　3, 20
心理内辞書 (mental lexicon)　2, 27
心理内文法 (mental grammar)　27
推定　43-45
推論　71
成員　48

成員資格　48
正常　20, 25, 30
正常な　19
　正常な状態　9, 34
『正法眼蔵』(「現成公案」)　179
絶対否定　104, 104n, 109
ゼロ　11
　ゼロの意味解釈　3
ゼロ表現　4, 9, 10, 28, 31, 32
全体　29
全体性　179
全体と断片　21
即非の論理　74n
ソシュールの「価値」　94
外　118
外なる境界線 (outer boundary)　40, 44, 71
存在(者)的なカテゴリー　137

[た行]

第一の恣意性　96
対象言語 (object language)　100
対象言語的な否定　100n
第二の恣意性　96
対立項　106, 107
対立性　98
多義語　40
多義性 (polysemy)　8, 11, 20, 139
多義パタン　152
多元的(な)世界　75, 80
多重境界線　39, 40, 43, 73, 107,

109, 110, 113, 117, 124
多数者　20
正しさ　30
多値的(な)世界　73, 117, 125
脱自我中心性　179
多様化　108
単一境界線　117
段階性 (grade)　56
　段階性のない (non-gradable)　146
　段階性をもつ (gradable)　146
断片　29
秩序　17
抽象的な場所　9
中心　178
　中心と周縁　110, 178
中心領域　115
直示的中心 (deictic center)　3, 5
チョムスキー理論　26
通常　30
通常の　19
定義的 (definitional)(な)特徴　82n, 103
適切性　99, 100
典型　43–45
典型的(な) (characteristic)(百科事典的(な) (encyclopedic))特徴　82n, 103
当為　128, 137, 139, 153
同一律　59
当為的　173
同語反復 (tautology)　70, 73, 132
当然　153

[な行]

内実　72, 80
内部境界線 (inner boundary)　40, 80, 90, 98, 107, 115, 134
内部対立　48
内部否定 (internal negation)　51, 59, 115
名前　72, 76, 80, 117
二義性　45, 46
二元的世界　75, 80
二項対立 (binary opposition)　49, 56, 114
二重境界線　43, 71, 73, 115, 123
二分法　74, 132, 146
　二分法の世界　117
人間の世界像　112
認知言語学 (cognitive linguistics)　46, 47
ネガティブな差異　95
望ましい状態　30

[は行]

場所　11, 12, 16, 27, 28
パトス的なカテゴリー　137
母親　103
母親らしい母親　99, 103
母親らしくない母親　99, 103
範疇　38, 48
非均質化　107, 108
非均質的　56
必要十分条件 (necessary and

sufficient conditions) 78
否定 50, 75n, 90, 100n, 107, 115, 177
　否定の空間的捉え方 113
「否定的」評価 110
比喩 10, 26
比喩的延長 8
比喩表現 30
評価の観点 (evaluative viewpoints) 5
フィルター 175
フィルター構造 129
復元方法 11
ふさわしさ 97
ふさわしい場所 28
普通 152
仏教 104, 109
仏教思想 109
仏道 179
プラス・マイナスの評価 56
プラス評価 98, 102
プロトタイプ 159
プロトタイプ効果 (prototype effect) 46
文化人類学 110
母語話者 (native speaker) 2, 26
本型の辞書 (book dictionary) 2
本質 78, 79
本質条件 (essential conditions) 78
本当 142
本来 152
本来性 142

本来の 19
本来の場所 17, 28
本来の状態 30, 34

[ま行]

マイナス 65
マイナス評価 99, 102
妙有 177
身分け構造 94, 95, 102, 129, 174, 177
民族学 110
無意識的な知識 (unconscious knowledge) 27
矛盾 (contradiction) 70, 73, 132
矛盾律 59
名 48, 75, 131
「名」と「実」のずれ 75
[＋名, ＋実] 72, 143
[＋名, −実] 72, 143
[＋名, ±実] 143
[±名, ±実] の意味論 69
[−名, ＋実] 72, 143
[−名, −実] 72, 143
名実の意味論 37, 39, 48, 69, 78, 131, 143
明示的 (explicit) 27
メタ言語 (metalanguage) 99
メタ言語的な否定 100n
メトニミー (metonymy) 92
メンバー (member) 48
文字通りの (literal) 31, 71
　文字通りの意味 (literal

meaning) 8
元の状態　25, 30
もともと　152
ものの本来の形　18
ものの本来の秩序　19
ものの本来の場所　14

[や行・ら行・わ行]

有標の (marked)　73
良い　99
らしさ　56, 97, 99, 101, 134, 175
ランガージュ　96
ラング　96
リアル　128, 173, 175–177
　リアルという問題　127, 174, 179
　リアルの深層　172
理想化　108
理想的　173
量の公理 (maxim of quantity)　92
両立しえない (incompatible)　50
類似性 (similarity)　44, 46, 102, 136
霊性的世界　176, 177
悪い　99

[英語]

A ⇔ B　114
A ⇔ ～B　114
EGO (我) / NON-EGO (非我)　5, 6, 34
natural　19
place　11
proper　19
real　162
real の意味論　156
reality　163
right　19
usual　19

人　名

赤坂憲雄　118
秋月龍珉　75n, 104n, 175
アリストテレス　47
ヴァイツゼッカー　137
木村敏　20, 156n
鈴木大拙　74n, 177
ソシュール　59, 81, 81n, 94, 98, 104, 129, 135
道元　179
西谷啓治　75n
丸山圭三郎　81n, 94, 129
山口昌男　110

Clark　3, 7, 34
Grice　70
Wierzbicka　157

語　句

当たり前　150, 151
雨らしい　45
あるべき　13
生きている　105, 114
一種　60
一種の〜　60
いつもの　16
男らしい　46
国民　49
事　53
事実上　168
事実上の母親　72
実　144
実の母親　142
〜失格　49
常識　172
死んでいる　105, 114
人物　147
正常な　16
接頭辞 non-　50
大学生　138
単なる〜　85
単なる〜ではない　84
違う　31
適切な　16
同然　168
動物　84, 87, 91n
ところ　28, 68
ところを得た　12, 27, 68
名　169n
名ばかりの　48

人間　84, 88, 91n
〜の一種　60
場　28
場違い　27
母親　70, 72, 74, 75, 88, 106
母親同然の人　72
母親らしい母親　134
非国民　49
否定辞 non-　50, 56
非人　49
批判　42
批評　42
評価　42
ふさわしい　12, 13
法　155
本当　140, 141, 151
本当の母親　142
本物　146
本来　148, 150, 151
本来の　12, 13
名実ともに備わった　48
文字　169n
文字通り　168n
もの　154
問題外　113
らしい　43, 45
リアル　128
論外　113

a kind of　63
a real N　159-161
a sort of　62
actual　156

age 51
alcoholic 50
belong 11, 67
beyond [out of] A's reach 113
beyond description 113
beyond dispute 113
break 24
collect 24
come 3, 7
come to oneself 35
crack 24
criticize 42
disorder 18
displace 16
displaced person 17
down 8
event 53
form 18
fragment 22, 23
gather 24
go 3, 7
go to pieces 21
ideal 158
in 8, 10, 28
in all but name 167
in deed 167
in effect 167
in fact 167
in form 18
in name 166
in one piece 22
in order 18
in place 15, 28, 66
in position 15
in reality 166
in shape 18
kind 61
like 43
likely 43
literally 168n
make oneself understood 35
natural 16, 20
nonage 50
nonalcoholic 50
noncollege 51
noncountry 52
nonentity 52
nonevent 53
noninformation 54
nonissue 54
nonperson 54, 57
nonsystem 54
non-thing 55
nonworking 55
normal 20
of a kind 63
of a sort 62
of sorts 62
off 9
off / out of form 18
old 91n
one's place 28, 66
oneself 6, 25, 35
order 18
out 8
out of order 18

out of place   15, 28, 66
out of position   15
out of shape   18
part   22, 23
piece   21, 23
place   15, 28, 66
position   15
practical   170
proper   16
proper place   28
prototype   156n
real   156, 158, 165, 170-172
reality   163, 165
regular   155
restore   25

right   13
rightly   13
rise and fall   8
save oneself   35
shape   18
shot to pieces   21
sort   61
up   8
up and down   8
usual   16
value   40
virtual   170-172
wash oneself   35
whole   21
young   91n

河西　良治　(かさい　りょうじ)

　1950 年，山梨県生まれ。東京大学大学院人文科学研究科英語英文学専攻博士課程単位修得満期退学。中央大学文学部・教授。英語学，言語哲学。UC Berkeley 客員研究員。University College London 客員研究員。日本英文学会評議員，大学代表。日本英語学会事務局長，評議員。
　主要業績:『新英語学辞典』(分担執筆・編集協力，研究社，1982),『大修館英語学事典』(分担執筆，大修館書店，1983),『ロイヤル英和辞典』(分担執筆・校閲，旺文社，1990),『文I』(「現代の英文法」第 4 巻，共著，研究社，2000),『英語学要語辞典』(編集・分担執筆，研究社，2002),『変形生成文法入門』(Carl Baker (1978) *Introduction to Generative-Transformational Syntax*) (翻訳・解説，研究社，1984), "Honen Shonin's Sayings (1)〜(28)" (梶村昇「法然上人のお言葉 (1)〜(28)」『浄土』, 法然上人鑽仰会) (翻訳, 2014-2016), など。

人生の意味論
——価値評価をめぐって——

〈開拓社　言語・文化選書 66〉

2017 年 3 月 25 日　第 1 版第 1 刷発行

著作者　　河 西 良 治
発行者　　武 村 哲 司
印刷所　　萩原印刷株式会社／日本フィニッシュ株式会社

発行所　　株式会社　開 拓 社
　　　　　〒113-0023　東京都文京区向丘 1-5-2
　　　　　電話　(03) 5842-8900 (代表)
　　　　　振替　00160-8-39587
　　　　　http://www.kaitakusha.co.jp

© 2017 Ryoji Kasai　　ISBN978-4-7589-2566-2　C1380

JCOPY 〈(社)出版者著作権管理機構　委託出版物〉
本書の無断複写は著作権法上での例外を除き禁じられています。複写される場合は，そのつど事前に，(社)出版者著作権管理機構(電話 03-3513-6969, FAX 03-3513-6979, e-mail: info@jcopy.or.jp) の許諾を得てください。